Jesus, Weg, Wahrheit, Leben
Neue und überarbeitete Gedichte

Dieser zweite christliche Gedichtband enthält neue Gedichte und einige überarbeitete Gedichte aus meiner schriftstellerischen Anfangszeit.

Es steht ein Kreuz am Wegesrand, von Schmutz und Rost zerfressen, es ist ein Sinnbild für die Welt, denn Jesus scheint vergessen …

© 2022 Hans – Georg Wigge
Herstellung und Verlag: BoD – Books on Demand, Norderstedt
ISBN: 9783756822096

Inhalt:

Alles ist sein

Heut´ bin ich in Gottes Bett erwacht,
dann hat seine Sonne mich angelacht.
Ich stieg in die Hose und Gottes Hemd,
nahm seinen Kamm und hab´ mich gekämmt.

Dann aß ich sein Brot, trank seinen Kaffee
und setzte mich in seinen PKW.
Die Straße Gottes hat mich gebracht,
zum Ort, wo sein Lohn für Arbeit mir lacht.

Am Abend, da kam ich zurück in sein Haus
und ruhte mich auf seinem Sofa aus.
Ich kochte Kartoffeln und briet mir sein Steak,
dann ging ich spazieren auf seinem Weg.

Dann las ich ein wenig in seinem Buch,
stieg in seinen Anzug aus feinstem Tuch
und deckte mich mit Gottes Bettdecke zu,
als ich in sein Bett stieg zur nächtlichen Ruh´.

Ich betete noch sein Dankesgebet,
sein Wecker zeigte, es war schon spät.
Sofort schlief ich vertrauensvoll ein,
ich muss mich nicht sorgen, denn alles ist sein.

Götzen der Neuzeit

Du musst keine Likes und Follower haben,
lass dir deinen Wert nicht bei Facebook begraben.
Mach dich nicht zum Sklaven von WhatsApp und Twitter,
kriegst du keinen Beifall, dann werde nicht bitter.
Es bringt dir nicht Liebe, es wird dich berauben,
wirst du diesen leeren Bezeugungen glauben.
Er will dich verführen, der Herr der Narzissten,
mit falschen Versprechen dein Selbst überlisten.
Ein Götze der Neuzeit raubt dir deine Stunden,
denn echte Gemeinschaft wird dort nicht gefunden.
Dort findet man oftmals Verführer und Hasser,
die ziehen die Menschen ins eiskalte Wasser.
Die töten die Seelen der Kleinen und Schwachen,
wenn Eltern und Freunde nicht aufmerksam wachen.
Benutze die Medien, doch kontrolliert,
weil sonst nur ein Mausklick zum anderen führt.
Kein Tablet, kein Smartphone kann Menschen ersetzen,
lass dich nicht von Neugier und Klingelton hetzen.
Es ist nicht das Leben, es ist nur ein Schein
und trotz tausend Freunden sind viele allein.
Vergeude nicht Zeit, vergeude nicht Leben,
du kannst, was dir Gott gab, den anderen geben.
Begegnen, Umarmen, die Hände sich reichen,
sind menschlich, doch nicht elektronische Zeichen.
Gott gab dir ein Herz und auch ein Gehirn,
zu bieten den Götzen der Neuzeit die Stirn.

Benutze die Dinge mit Weisheit und Maß,
dann machen sie Sinn und bringen dir Spaß.
Das Leben ist kurz und endet sehr schnell,
lebe dein Leben, doch nicht virtuell…

Von einem, der auszog...

Einer lag sehr krank darnieder,
resümierte vor sich hin
und er stellte sich die Frage,
weiß ich eigentlich, wer ich bin?
Dann zog er seine Titel aus
und wurde ein Stück er.
Dann nahm er seine Masken ab,
das fiel ihm reichlich schwer.
Dann brachte er den Stolz zu Fall
und sah sein wahres Ich.
Dann legte er den Hochmut ab,
erkannte ehrlich sich.
Auch den Besitz zog er sich aus,
der war ihm äußerst lieb.
Der Schrecken fuhr im bis ins Mark,
was dann noch übrig blieb.

Es ist vollbracht

Ein böses Wort, die kleinen Lügen,
den Staat um Steuerschuld betrügen.
Still schweigen, wo das Unrecht ist,
weil niemand dem viel Schuld beimisst.
Mal hier ein Flirt, mal dort ein Blick,
ein Trümmerfeld bleibt oft zurück.
Und noch ein Mausklick, noch ein Spiel,
die Sucht hat Gutes nicht zum Ziel.
Der Mensch geht Bösem in die Falle,
weil jeder denkt, das machen alle.
Das ist der Herdentrieb der Welt,
weil oft das eigene „Ich" nur zählt.
Wir klammern uns an Menschen, Dinge,
als wenn es ewig weiterginge.
Doch plötzlich klopft der Bruder Tod,
wohin geht man jetzt in der Not?
Der Mensch erwacht, die Seele weint,
von vielen Sünden angeleint
und er kann jenes Loch nicht füllen,
aus dem Dämonen hämisch brüllen.
Bedenke, dass du sterben musst
und mit dir stirbt Besitz und Lust,
denn solches zählt im Himmel nicht,
stehst du dann bittend vor Gericht.
Der Gott der Liebe schuf den Weg
und sandte einen Himmelssteg,
in Jesus Christus, seinem Sohn,
er trug für uns den Sündenlohn.

Die Habsucht, Morden, Hassen, Stolz,
trug er auf Golgatha ans Holz,
die Last der Welt trug er allein,
er will auch dein Erlöser sein.
Er ist kein Fantasieprodukt,
man schlug ihn, hat ihn angespuckt.
Geduldig trug er diese Schmach,
bis dass sein Auge sterbend brach.
Verraten, trotzdem voller Liebe,
geschwächt durch mörderische Hiebe,
trug er die Schuld der ganzen Welt,
was vielen heute nichts mehr zählt.
Zur Schlachtbank führte man das Lamm,
wie prophezeit von Anfang an.
Es starb am Kreuz und gab sein Leben,
es ist der Weinstock, wir die Reben.
Der König ruft von dort dir zu:
„Ich bin der Weg, was fürchtest du?"
Die, die zu Jesus sich bekennen
und ihre Schuld vor ihm benennen,
für die wird er der Anwalt sein
und zärtlich sagen. „Komm herein."
Komm mit, geh mit nach Golgatha,
denn Jesus Wiederkunft ist nah.
Er starb für dich, trug schweres Leid,
wer mit ihm geht, hat Ewigkeit.
Er ist das Licht in dunkler Nacht,
er ruft dir zu: „Es ist vollbracht!"
Der Stein ist weg, das Grab ist leer,
der Tod, er triumphiert nicht mehr.

Es jubiliert die Christenschar,
mit allen Engeln immerdar:
Lamm Gottes, Retter, Licht und Leben,
wir wollen dir die Ehre geben.
Nichts soll uns jemals von dir trennen,
weil wir nun deine Liebe kennen.
Es rufen alle, die ihn fanden:
Der Herr ist heute auferstanden!

Wunschplage

Ein Wunsch, kaum ist er mal gedacht,
verfolgt bei Tag dich und bei Nacht.
Ist er erfüllt, schafft er sich dann
zwecks Heirat eine Wünschin an.
Die Wünsche werden dann nicht minder,
es kommen viele Wünschekinder.
Dann sprießen viele neue Sippen,
mit nichts als Wünschen auf den Lippen.
Statt Fliegen- oder Läuseplage
erscheinen Wünsche alle Tage.
Kaum ist der eine grad erfüllt,
hört man, wie schon der nächste brüllt.
So lassen Wünsche uns hienieden
ein Leben lang nicht mehr zufrieden.
Mein Rat: Man soll es ruhig mal wagen,
den ersten Wunsch gleich totzuschlagen.
Weil das, bist du auch sanft und Christ,
der Weg zum Seelenfrieden ist.

Verrinnende Zeit

Manchmal sollst du stehenbleiben,
doch niemand kann dich greifen.
Manchmal lässt erst du den Mensch
zum wahren Menschsein reifen.
Manchmal bist du voller Trauer,
doch du linderst auch.
Manchmal bleibt verbrannte Erde,
Asche, Schutt und Rauch.
Manchmal bist du voller Freude,
zart und liebevoll.
Manchmal hinterlässt du Kummer,
Schmerzen, Leid und Groll.
Manchmal bist du zäh wie Leder,
manchmal schwer, wie Blei.
Manchmal bist du schön wie Rosen,
gehst zu schnell vorbei.
Manchmal bist du viel zu wenig,
manchmal viel zu viel.
Manchmal endest du urplötzlich,
schon sehr weit vorm Ziel.
Manchmal findest du den Weisen,
der deinen Sinn erkennt.
Oftmals aber nur den Sucher,
der sinnlos rennt und rennt.

Manchmal triffst du einen Menschen,
für den Tod bereit,
denn für jeden auf der Erde
endet einst die Zeit.
Manchmal, wenn wir uns besinnen,
wirst du uns bewusst
und statt täglich vegetieren,
greift uns Lebenslust.
Jederzeit jedoch geht Jesus Christus
still an unserer Seite.
Schauen wir auf nächste Schritte,
schaut er in die Weite.
Geben wir das Leben Jesus
und die Erdenzeit,
schmückt er schon für uns
die Wohnung in der Ewigkeit.

Gesten der Liebe

Nur ein kleines Lächeln nur, lässt den Tag hell strahlen.
Verzeihend eine Hand zu reichen lindert Seelenqualen.
Einfach in den Arm zu nehmen macht dem Nächsten Mut.
Sich der Tränen nicht zu schämen tut der Seele gut.
Nur das Ohr, um zuzuhören, hilft bei schwerer Last,
kann im Menschen das zerstören, was tief in ihm hasst.
Alte Menschen zu besuchen, die sonst einsam sind,
zeugen von der Nächstenliebe, sei ein Gotteskind!
Alle Tage gütig leben, bringt die Welt voran,
von dem Überfluss zu geben, was man geben kann.
Kleine Gaben zu verschenken, ohne jeden Grund,
im Gebet an jemand denken, macht das Herz gesund.
Gesten, die viel Freude bringen, wenn man gerne gibt,
Miteinander kann gelingen, dem der selbstlos liebt.

Buch des Lebens

Ein Mensch, der füllt das Buch des Lebens
mit Worten seines Schaffens, Strebens,
die Seiten stehen voll mit Dingen,
die kurz Zufriedenheit nur bringen.
Dort zwischen diesen vielen Zeilen
herrscht Bitterkeit und Zorn bisweilen.
Die Schuld macht viele Seiten dick,
lässt andere ganz leer zurück.
Auf vielen sinnentleerten Blättern,
sind Worte von den falschen Göttern.

Der Mensch sucht dort nach wahrem Glück
und bleibt enttäuscht, frustriert zurück.
Geburt steht auf der ersten Seite,
die letzte liegt noch in der Weite.
Für jeden Menschen steht dort TOD
und vielen bringt das Angst und Not.
Denn was im Buch des Lebens steht,
ist, wie dem Menschen es ergeht,
der nicht den Sinn des Lebens fand
und sich nicht barg in Gottes Hand.
Auf allen Seiten stehen Sachen,
die jenes Buch zur Klage machen,
weil Gott, der Herr, nicht anders kann,
er war gerecht von Anfang an.
Er schuf als weitere Konstante,
die er bereits am Anfang kannte,
das Alpha und das Omega, was war,
was ist, was immer da,
in seinem Sohn, der für uns litt
und Freiheit von der Schuld erstritt.
Wer ihm das Buch des Lebens gibt,
dem, der die Menschen endlos liebt,
dem nimmt er Angst und jede Not,
durch seinen schmerzerfüllten Tod.
Er nahm dadurch das Buch des Lebens,
das Menschen schreiben meist vergebens,
entfernte restlos jedes Wort,
denn er warf alle Seiten fort.
Er heftete sein Leben ein,
das völlig unbefleckt und rein,

als Freispruch für die Menschen gilt,
die er einst schuf nach seinem Bild.
Für die, die ihn von Herzen lieben,
hat er die Bücher umgeschrieben,
er führt dich ins verheißene Land,
legst du dein Buch in seine Hand.

Mengenleere

Zwei Jets, die standen stets parat,
drei Rolex strotzten vor Karat,
vier Inseln nutzte er zum Sonnen,
fünf Frauen hießen ihn willkommen,
sechs Jachten pflügten durch die Wellen,
acht Pferde standen in den Ställen,
neun Autos konnte er besteigen,
zehn Villen nannte er sein Eigen.
Ganz unerwartet kam der Tag,
da lag er nur in einem Sarg.

Jesus first

Er nahm in die Arme und hörte stets zu.
War jemand in Not, so half er im Nu.
Er gab seinen Reichtum mit offener Hand
und war gern Begleiter, stand einer am Rand.
Er half bei Aktionen und machte oft Mut,
er gab seine Zeit, seine Kraft, er war gut.

Er tat, was so viele der Menschen oft tun,
war nicht gegen Bilder von Elend immun.
Er war sehr sozial und packte mit an,
ein gütiger, netter und liebender Mann.
Ob Hindu, Buddhist, oder auch Atheist,
ein Mensch, wie er oftmals zu finden ist.
Das Wichtigste aber, das jedem Mensch fehlt,
das Einzige, was im Leben nur zählt,
das, was der Sinn unseres Daseins ist
und was auch ein Christ sehr oft vergisst,
ist die Botschaft von Jesus, der ging in den Tod,
nur seine Gnade bringt Leben ins Lot.
Taten, sind sie auch hilfreich und gut,
machen den Hilflosen Hoffnung und Mut,
doch hören sie die Botschaft der Gnade nicht,
erstrahlt in ihr Dunkel niemals das Licht.
Wenn wir auch den Menschen Liebe erweisen,
doch säumen die Seele des Nächsten zu speisen,
dann bleiben die Taten zwar hilfreich, doch hohl
und sorgen für kurze Zeit nur dem Wohl.
Bei Jesus ist Wasser, bei Jesus ist Brot,
nur er ist der Retter bei jeder Not.
Nach Trost, nach Spenden, nach Trinken und Essen
dürfen wir niemals die Botschaft vergessen!

Versicherung

Gegen Blitzschlag, Feuer, Wasser,
gegen Unheil jeder Art,
ist der schlaue Mensch versichert,
dass ihm nicht ein Unheil naht.

Man ertüftelt und erfindet,
zieht sehr oft beim Haar herbei,
ob nicht dieses oder jenes,
auch noch zu versichern sei.

So beherrschen die Gedanken
Mammonschutz und Mammongier.
Das Äußerliche ist versichert,
das Innerliche kein Stück dafür.

Die Seelen werden leer und leerer,
durch Kälte, Einsamkeit und Hass,
sich gegen jenes zu versichern,
das brächte Geld im Übermaß.

Doch kostenlos ist der versichert,
der den Worten Jesu glaubt,
denn keiner kennt den Tag, die Stunde,
die ihm seine Seele raubt.

Zurück in die Schachtel (nach William McDonald)

Ein Baby ballt die kleinen Fäustchen,
noch sind die Hände leer.
Ein Kleinkind öffnet seine Fäustchen
und will schon etwas mehr.
Ein junger Mensch sucht Sinn des Lebens,
die Welt sagt, was ihm fehlt.
Doch was er kauft, es ist vergebens,
weil Leere weiter quält.
Du musst, du brauchst, dir fehlt,
ist das, was Menschen drängt
und viele wollen nicht erkennen,
wohin sie dieses lenkt.
Es ist wie bei dem Spiel des Lebens
und wie Monopoly.
Der Sieger hat zwar kurze Freude,
genug ergibt das nie.
Denn wie im echten, wahren Leben,
passiert es auch dem Spiel,
es kommt zurück in seine Schachtel,
wie Menschen einst am Ziel.
Der Mensch im Sarg hat leere Hände
und geht, wie er einst kam,
wenn er die Gnade Jesu Christi
niemals in Anspruch nahm.
Die Welt, trotz all´ der schönen Dinge,
sie lockt, betrügt und lügt,
doch gehst du deinen Weg mit Jesus,
erfährst du: Das genügt!

Er soll wachsen…

Es ist ein Grundsatz hier auf Erden,
der Mensch wird groß beim kleiner werden,
denn pocht er einmal nicht aufs Recht,
nimmt hin, das, was für ihn ist schlecht,
merkt er, es schenkt ihm wahres Glück,
schon schrumpft sein Eigensinn ein Stück.
Denn gibt er mehr, als er wohl müsste,
weil ihn der Geist des Mitleids küsste,
merkt er, das schenkt ihm wahres Glück,
schon schrumpft sein Eigensinn ein Stück.
Denn gibt er nach und schafft so Frieden,
bevor die Zornestöpfe sieden,
merkt er, das schenkt ihm wahres Glück,
schon schrumpft sein Eigensinn ein Stück.
Denn tritt er ein für Schutz von Leben,
um gegen Mainstream anzustreben,
merkt er, das schenkt ihm wahres Glück,
schon schrumpft sein Eigensinn ein Stück.
Denn läuft er nicht mit in der Herde,
auf das er nicht mit schuldig werde,
merkt er, das schenkt ihm wahres Glück,
schon schrumpft sein Eigensinn ein Stück.

Das und noch vieles hier auf Erden
macht Menschen groß beim kleiner werden.
Das ist ein Ziel, bist du ein Christ,
weil Wahrheit in den Worten ist,
die einer sprach, der anders war,
er war, wird sein, ist immer da.
Wir Menschen müssen kleiner werden
und er soll wachsen hier auf Erden,
dann macht ein Menschenleben Sinn,
denn Jesus gab sein Leben hin,
für dich, für mich, für Groß und Klein,
die Ehre sei nur ihm allein.

ICH-AG

Sehr häufig denkt der Mensch an sich
und sieht, nicht mal gelegentlich,
dass hier, auf dieser großen Welt,
nicht er allein als Mensch nur zählt.
Tagein, tagaus, schon früh am Morgen,
beginnt er sich um sich zu sorgen,
schafft nicht, dass er zum Mitmensch geht,
weil er sich selbst im Wege steht.
Doch wendet er sich Nächsten zu,
verändert sich der Mensch im Nu,
denn Egoismus ist zum Schämen
und Geben seliger denn nehmen.

Von Balken und Splittern..

Ein Mensch nahm mir die Vorfahrt,
doch es ist nichts passiert.
Trotzdem hat es zum Schimpfen
und bösem Wort verführt.
Denn ich nahm meine Lupe
und machte alles groß,
egal ob Jesus lehrte:
Lass solche Dinge los!
Der Partner der tut Dinge,
die bringen mich zur Glut,
denn Maßstab ist mein Rechten,
was ich tu ist nur gut.
Denn ich nahm meine Lupe
und machte alles groß,
egal ob Jesus lehrte:
Lass solche Dinge los!
Der Nachbar kürzt den Ast nicht,
obwohl ich darum bat.
Jetzt grüße ich ihn nicht mehr,
egal wo er mir naht.
Denn ich nahm meine Lupe
und machte alles groß,
egal ob Jesus lehrte:
Lass solche Dinge los!
Ich stehe in der Schlange,
ein Senior drängt sich vor,
er stiehlt mir zwei Minuten,
ich schimpfe auf den Tor.

Denn ich nahm meine Lupe
und machte alles groß,
egal ob Jesus lehrte:
Lass solche Dinge los!
Der neue Mitarbeiter
ist mir nicht sehr genehm
und macht er einen Fehler,
dann gönne ich es dem.
Denn ich nahm meine Lupe
und machte alles groß,
egal ob Jesus lehrte:
Lass solche Dinge los!
Der Herr, er schenkt Vergebung
an jedem Tage neu.
Ich habe tausend Balken,
doch er vergibt mir treu.
So sollen auch wir Menschen
es alle Tage tun,
dann werden wir für Splitter
der anderen immun.

Herbstzauber

Blättertänze, Farbenpracht,
Apfelernte, kühle Nacht,
Igelrascheln, Nest aus Laub,
Abendsonne, Glitzerstaub,
Spinnennetze, voller Tau,
Regentage, grau in grau,
Gottesgaben, reich verteilt,
Seelen, durch sein Wort geheilt,
täglich Gnade lebenslang,
täglich Grund für Erntedank,
leiser Abschied, Sommer geht,
Jahresuhr wird herbstgedreht.

Ballon fliegen

Zwei Menschen haben sich verkracht
und ihrem Herzen Luft gemacht.
Sie blasen sich ganz mächtig auf
und lassen ihrem Zorn den Lauf.

Wie Luftballons, prall aufgeblasen,
sieht man die beiden mächtig rasen.
Dann fliegen sie, wie ein Ballon,
laut zischend rechts und links davon.

Viel besser ist, statt böser Zoten,
den Luftballon fest zu verknoten.
Dann schwebt man aufeinander zu
und Herz und Seele geben Ruh´.

An schweren Tagen

Ihr, die ihr in Not still die Hände haltet,
ihr, die ihr die letzte Zeit gestaltet,
ihr, die ihr Ohr für Geschichten seid,
ihr, die ihr tröstet, bei Seelenleid,
ihr, die ihr fast alle Wünsche erfüllt,
ihr, die ihr Ängste mit Liebe umhüllt,
ihr, die ihr Last von Familien nehmt,
ihr, die ihr euch nicht der Tränen schämt,
ihr, die ihr den letzten Weg gangbar macht,
ihr, die ihr Schmerz lindert in leidvoller Nacht,
ihr, die ihr Engel bei Todesangst seid,
ihr, mit Geduld, mit Liebe und Zeit,
ihr, die ihr Weg, Wahrheit, Leben bezeugt,
ihr, die ihr vor Jesus die Köpfe verbeugt,
ihr seid das Werkzeug, seid Hände und Wort,
ihr zeigt, wo Jesus bereitet den Ort.
Er bietet Freiheit, Erlösung an,
was man mit Geld nicht kaufen kann.
Folgt dem, was steht in der Bibel geschrieben:
Gott und seinen Nächsten zu lieben.
Werdet nicht müde, lasst niemals los,
wer hier selbstlos dient, ist im Himmel einst groß.

Mann der Wunder

Du schenktest zehn Erkrankten Glück,
nur einer kam zu dir zurück
und zollte für die Heilung Dank,
wo blieben neun, einst auch schwerkrank?

Durch Fische, Wein und selbst durch Brot,
verhalfst du Menschen aus der Not,
du wusstest, was den Menschen fehlte,
bevor nur einer es erzählte.

Den Donner, Blitz, den Sturm und Wind,
die Seemanns größte Feinde sind,
hast du mit einem Wort gezähmt
und die Gefahr durch sie gelähmt.

Die bösen Geister triebst du aus,
du warst für sie der größte Graus,
befreitest Menschen von dem Bösen,
um sie von Qualen zu erlösen.

Den Toten gabst du neues Leben,
hast Blinden Augenlicht gegeben,
den Tauben schenktest du Gehör,
die Stummen schwiegen nun nicht mehr.

Enttäuscht stand dann die kleine Schar
beim Kreuzesstamm auf Golgatha
und ahnte dort im Dunkel nicht,
aus diesem Tod entsteht das Licht.

Sohn Gottes, trugst davon den Sieg,
in diesem Menschenseelenkrieg.
Den Weg, die Wahrheit und das Leben,
hast du der Welt so vorgegeben.

Wer zu dir kommt und dich bekennt,
wer dich den Herrn des Lebens nennt,
den machst du frei von allen Sünden,
die auf dem Sündenfall sich gründen.

Nun darf ich täglich neu beginnen,
mich auf die Liebestat besinnen.
Was du am Kreuz für mich getan,
war Gottes Plan von Anfang an.

Den er für jeden Menschen macht,
zu führen ihn aus dunkler Nacht.
Wir preisen dich, wir beten an,
weil nur dein Heil uns retten kann.

Anders sein

Wenn jemand dich aus Streitlust schlägt,
sagst du: „Schlag mich nochmal?"
Wenn jemand deinen Mantel nimmt,
gibst du ihm auch den Schal?
Wenn jemand dich beleidigt,
sag, betest du für ihn?
Wenn dir der Hass entgegenschlägt,
nimmst du das wortlos hin?
Wenn jemand deine Dinge nimmt,
sagst du: „Behalte sie?"
Wenn jemandem du Gutes tust,
verlangst du Sympathie?
Wenn du nur leihst für Zugewinn
und sagst: „Ich gebe dir."
Hast du dann nur im Hinterkopf:
„Was kriege ich dafür?"
Wenn du nur deinen Lieben gibst,
was ist der Unterschied?
Weil auch der ganz normale Mensch,
nur seine Lieben sieht.
Was ist denn dann das „Anders sein",
wie Jesus es verlangt,
weil diese Welt von Anfang an
am Egoismus krankt.
Es ist, was Jesus vorgelebt
in seiner Menschenzeit.
Es ist der Blick auf andere,
auf Armut, Not und Leid.

Es ist barmherzig selbstlos sein,
sich selbst als letztes nennen.
das Brot zu geben statt den Stein,
so soll man uns erkennen.
Weil das der Anspruch Jesu ist.
Oft scheitert man daran.
Doch wenn du sagst: „Ich bin ein Christ",
fängt jeder Tag neu an.
Drum frage nicht: „Was tu ich nun?"
Die Frage müsste sein:
Was würde Jesus denn nun tun,
zum wirklich „Anders sein."

Umkehr/Rückkehr

Kein Buch und auch kein Gottesdienst
kann dich vom Tod erretten.
Kein Radeln, Wandern oder Gehen
zu vielen heiligen Stätten.

Die Knochen großer Heiliger
und auch vom Kreuz ein Stück,
die tragen nicht zur Rettung bei
und zu des Menschen Glück.

Die guten Taten, lobenswert,
das Geben milder Gaben,
sind Werke, die der Mensch oft tut,
um selber sich zu laben.

Dringt Bibellesen nicht ins Herz,
verkommt zu einer Pflicht,
dann löscht der Geist, den Jesus gab,
schnell das Erkenntnislicht.

Der Mensch, der glaubt in dieser Zeit,
dass nur sein Wille zählt.
Doch Menschen wählten niemals Gott,
Gott hat den Mensch erwählt.

Wer Buße tut, sein Tun bereut,
wer seine Sünde sieht
und voller Reue, voller Scham
in seinem Innern glüht.

Wer Jesus ruft, das helle Licht,
klopft an des Schöpfers Tür,
hört wie der Heiland zärtlich ruft:
„Mein Kind, nun komm zu mir.

Ob neu, ob lau, ob nah, ob fern,
du kannst zu mir zurück,
ich warte lange schon auf dich,
ergreife nur dein Glück."

Du musst nicht suchen oder irren
in tiefer, dunkler Nacht,
verlasse dich auf Jesu Wort,
er sprach: „Es ist vollbracht!"

Der Weg führt dich nach Golgatha,
verlasse andere Pfade,
dort findest du Vergebung, Sinn
und unverdiente Gnade.

Licht der Welt

Eine Kerze leuchtet hell,
die sich Güte nennt
und nicht Hader, Zorn und Neid
oder Feindschaft kennt.
Eine Kerze leuchtet hell,
die geduldig ist
und nicht eigenes Versagen
selbstgerecht vergisst.
Eine Kerze leuchtet hell,
die heißt Freundlichkeit,
hat für Nächste stets ein Wort
und ein wenig Zeit.
Eine Kerze leuchtet hell,
die nach Sanftmut strebt
und nicht unberührt von Leid
egoistisch lebt.
Eine Kerze leuchtet hell,
die den Frieden bringt,
die im Chor mit allen Völkern
Liebeshymnen singt.
Eine Kerze leuchtet hell,
die die Treue lebt
und nach der Verlässlichkeit
zwischen Menschen strebt.
Eine Kerze leuchtet hell,
die Selbstbeherrschung heißt
und nicht täglich um Konsum
und den Mammon kreist.

Doch wie sehr der Mensch sich müht,
die Kerze brennt oft nicht.
Bis Jesus mit dem Feuer kommt,
er sagt: Ich bin das Licht!

Gestern. Heute. Morgen.

Ein Gestern legt beim Frühstück los
und macht sich sorgend wieder groß.
Was wohl geschehen wäre, wenn?
Wem nützte das, was soll das denn?
Ach, hätte ich nur das getan.
Kann ich nicht noch, was wäre dann?
Wie konnte ich, was war ich dumm.
Das Gestern, es zermürbt kurzum.
Da spricht das Morgen: Aber ich,
ich bin erst richtig fürchterlich.
Ich folge dir sogar ins Bett,
da war das Gestern eher nett.
Als Sahne hat sich Milch verkleidet,
als jener Mensch am Morgen leidet.
Es freut sich recht von Herz das Morgen,
wenn Menschen sich im Voraus sorgen.
Das Heute schaut zurück und vor
und sagt: Bleib locker, dummer Tor.
Die Sonne scheint, du bist gesund,
die Erde dreht sich und ist rund.
Und Jesus nahm dir deine Schuld,
tut das tagtäglich mit Geduld.

Die Vögel singen schönste Lieder,
zu essen hast du heute wieder.
Ein Dach hält trocken deinen Kopf,
drum raufe dir nicht deinen Schopf.
Was gestern war, es ist vorbei,
was morgen kommt noch einerlei.
Leb´ froh mit Gott im Augenblick,
das ist der Lebenskünstlertrick.

Das Handtuch

Ein Handtuch, mit der Farbe grün,
sah man ins Badezimmer zieh´n.
Dort hing es stolz und arrogant
und trocknete so manche Hand.
Dann eines Tages, übers Jahr,
da war ein neues Handtuch da.
Das alte konnte es nicht fassen,
es musste seinen Platz verlassen.
Nun hing es schlaff am Küchenbord
und diente nur als Lappen dort.
Danach kam es noch weitaus schlimmer,
zurück ging es ins Badezimmer.
Als Scheuertuch, arg zweckentfremdet,
hat es sein kurzes Sein beendet.
Und die Moral von der Geschicht?
Hier zeigt das Leben sein Gesicht.

Komm zu Jesus

Ob du es wendest oder drehst,
es kommt der Tag an dem du gehst.
So mancher lässt sodann zurück,
ein kleines Haus mit Gartenstück.
Ist jemand reich, das Haus sehr groß,
ist er auch dieses sicher los.
Das sollte niemand überraschen:
Das letzte Hemd hat keine Taschen.
Weil was du hast und was du bist
bei Gott nicht ausschlaggebend ist.
Der König und der Bettelmann,
der Gute und der Staatstyrann,
sie stehen alle einst vorm Herrn,
das hört der Atheist nicht gern,
der, wenn er sagt, es gibt Gott nicht,
doch auch von seinem Glauben spricht.
Die Erde hat uns Gott gegeben mit allem,
was man braucht zum Leben.
Wie kann man das nur Zufall nennen,
lernt man die Worte Gottes kennen.
So halte ein und hör kurz zu,
das Leben, es vergeht im Nu.
Auch pralles Füllen aller Taschen,
ist nur der Wunsch, den Wind zu haschen.
Gibst du dein Leben Jesus hin,
erkennst du Wahrheit, Lebenssinn,
wirst du befreit von schweren Lasten,
die nicht mehr ins Gewissen passten.

Tu Buße und bekenne ehrlich,
entferne alles, was entbehrlich,
denn Jesus ist für dich gestorben
und hat des Satans Spaß verdorben.
Denn Hass und Zorn hat der beschert,
dem, der sich nicht zum Herrn bekehrt.
Der Tod kommt oft auf leisen Sohlen,
um seine Kundschaft abzuholen,
dann ist es, wie es vielen geht,
für Umkehr zu dem Herrn zu spät.
Mal kommt er spät, mal kommt er früh,
willkommen ist er meistens nie.
Den einen bringt er zum Besinnen,
der and´re schiebt ihn weit von hinnen.
Doch ganz egal, wie es auch sei,
das Leben ist danach vorbei.
Ein Windhauch sind wir nur auf Erden,
zu deren Staub wir wieder werden.
Wie viele Wege wirst du gehen?
Wie viele dunkle Stunden sehen?
Was wirst an Schönem du erleben?
Wer wird dir wahre Liebe geben?
Was ist dir Trost in schwerer Zeit?
Wer steht dir bei in Not und Leid?
Wer wird an der Seite stehen,
wenn alle stumm vorüber gehen…
Wirst du auf Menschen dich verlassen,
wird manches Puzzleteil nicht passen,
weil schon seit allen Zeiten gilt:
Nur Jesus sieht das ganze Bild.

Ein jeder ist bei ihm willkommen,
er hat der Welt die Schuld genommen.
Aus Gnade hat er uns befreit,
durch seinen Tod, sein großes Leid.
Weil Gott die Menschen so sehr liebt,
dass er dafür sein Liebstes gibt.
So hat er seinen Sohn gesandt,
damit die Welt Erlösung fand.
Gott ist der war, der ist und bleibt,
der „Frei" auf schwarze Seelen schreibt,
durch Jesus, den geliebten Sohn,
er trug für uns der Sünde Lohn.
Sein Ruf am Kreuz erhellt die Nacht,
er gilt für dich: „Es ist vollbracht!"

Advent, Advent, ein Lichtlein brennt

Weihnacht wird es wieder werden,
Friede überall auf Erden!
Welcher wunderbare Traum,
doch Wahrheit werden wird er kaum.
Advent, Advent, ein Lichtlein brennt,
das Kriege, Elend, Not nur kennt.
ein Lichtlein aber brennt nicht sehr,
erlischt im Schlauchboot auf dem Meer.
Advent, Advent, ein Lichtlein brennt,
das Hunger nur und Krankheit kennt,
denn Egoismus ohne Ende,
füllt nicht die Mägen, Herzen, Hände.
Advent, Advent, ein Lichtlein brennt,
das weltweit Christenhetze kennt,
doch dazu wird dezent geschwiegen,
denn das wird keine Quoten kriegen.
Advent, Advent, ein Lichtlein brennt,
als Sehnsucht nach dem Happy-End,
auf Tannenkränzen, unter Bäumen,
wo Menschen von der Liebe träumen.
Advent, Advent, ein Lichtlein brennt,
wenn man den Namen Jesus kennt,
er ist das wahre Licht der Welt
und nicht Konsumrausch oder Geld.
Er nur allein bringt Liebe, Frieden,
wird er auch heute meist gemieden,
nur er erfüllt den Friedenstraum
der Menschen unterm Weihnachtsbaum.

Mit Jesus fing die Weihnacht an,
heut´ abgelöst vom Weihnachtsmann.
Doch der kann dieser Welt nicht geben,
den wahren Sinn im Menschenleben.
Advent, Advent, ein Lichtlein brennt,
das Rituale, Feiern kennt.
Genießt den Weihnachtsbaum, die Kerzen,
Gott kennt das Sehnen unserer Herzen.
Weihnacht wird es wieder werden,
Frieden überall auf Erden?
Menschen, nur der Welt verbunden,
haben ihn noch nie gefunden.
Doch Jesus ist noch überall,
seit jener Stunde dort im Stall.
Er brachte dieser dunklen Welt,
was, wer ihm glaubt, sofort erhält.
Er bietet dir Erlösung an,
die einst in Bethlehem begann.

Neujahrsvorsätze

Herr, ich will mich endlich bessern,
im Urlaub Nachbars Blumen wässern,
in Warteschlangen Vortritt lassen,
beim Streiten voller Liebe passen,
das Brot abgeben statt den Stein,
dem Nächsten wahrer Nächster sein,
bei Steuern und auch bei den Spesen,
bewahren mir mein Christenwesen,
bei Tische mich nach hinten setzen,
nicht mehr nach Ruhm und Ehre hetzen,
will hören statt zu viel zu reden,
ein guter Mitmensch sein für jeden,
die Schöpfung möchte ich bewahren
und öfter mit dem Fahrrad fahren,
den Korb statt Plastiktüten nutzen
und biologisch sinnvoll putzen,
den Fleischverzehr stark reduzieren,
um Wert zu zeigen auch den Tieren,
nie mehr beim Autofahren meckern,
nicht schimpfen, wenn die Kinder kleckern,
die alten Eltern oft besuchen,
bei Selbstversagen nicht mehr fluchen,
die Spende nicht heraustrompeten,
des kranken Nachbars Unkraut jäten,
Traktate Menschen übergeben,
sie führen zu dem wahren Leben,
dem Einsamen Besucher sein,
dem, der verletzte, rasch verzeih´n,

dem Traurigen still Hände halten
und Herzen wärmen, die erkalten,
bei Leid nicht schnell zur Seite schauen
an deinem Reich auf Erden bauen.
Doch vieles klappt wohl nicht am Ende,
dann schmieg ich mich in deine Hände,
du kennst mich, liebst mich, wie ich bin,
dir bringe ich mein Scheitern hin.
Wenn das geschieht, so dann und wann,
sagst du: „Fang morgen wieder an!"

Asyl?!

Ich fliege um die ganze Welt,
denn lieber Bruder, ich hab Geld.
Ich schau mir Stammesriten an,
doch lieber Bruder, just for Fun.
Und betteln Kinder dort im Dreck,
dann, lieber Bruder, schick sie weg.
Das will ich nicht im Urlaub sehen,
das, Bruder, wirst du doch verstehen.
Dann morgen, flieg ich wieder heim,
lass dich bis nächste Jahr allein.
Hab Palmenstrand und Bars gesehen,
zwei Wochen war es bei dir schön,
Ich komme gern nach Afrika,
doch lieber Bruder, bleib bloß da?!

Das Schönste kommt

Wenn Ungerechtigkeit dich trifft
und in dir wirkt, wie schlimmes Gift,
wenn Krankheit kommt und großes Leid,
dir Freude nimmt, begrenzt die Zeit,
wenn Menschen täuschen, heucheln, lügen
und beste Freunde dich betrügen,
wenn deine Welt zusammenbricht
und Dunkelheit bricht in das Licht,
wenn alle gehen, die du liebst,
wenn niemand achtet, was du gibst,
wenn du am Rand stehst, ganz allein,
wenn in dein Glashaus fliegt ein Stein,
wenn Scheitern dich an Grenzen bringt,
wenn Gott mit Satan in dir ringt,
wenn Lebenspläne nicht gelingen,
wenn Niederlagen dich bezwingen,
wenn deine Schuld dich niederdrückt
und nichts und niemand dich beglückt,
wenn Sinn in deinem Leben fehlt
und dich die Menschenfurcht arg quält,
wenn Liebe bricht und wird zu Scherben,
wenn Eheschwüre schnell verderben,
dann bist du reif für Gottes Eden,
dort schuf er einen Platz für jeden,
dort wartet Jesus schon auf dich,
klopf an die Tür, er meldet sich,
er bietet dir Erlösung an,
die niemand sonst dir geben kann.

Dann gehst du froh durch diese Welt,
brauchst keine Ehre, nicht viel Geld,
du krabbelst aus dem Lebensloch,
weißt all das Schöne kommt doch noch,
was diese Welt nicht geben kann,
denn dann fängt erst dein Leben an.

Lebendig begraben

Weit von uns, in fernen Ländern,
nicht direkt vor unsrer Tür,
leben Menschen voller Armut,
nicht in Saus und Braus, wie wir.
Ihre Kinder, ohne Hoffnung,
müssen Zukunft früh begraben,
sterben ohne jede Chance,
ohne je gelebt zu haben.
Menschen hier, die Hände reichen,
nicht die Augen schließen,
zeugen von der Liebe Jesu,
lassen Wärme fließen.
Auf der Jagd nach falschen Werten,
nach Sammeln, Horten, Streben,
sterben auch bei uns sehr viele,
ohne je zu leben.

Simeons Lobpreis

Herr, du hast dein Wort gehalten,
hier steh ich, ein alter Mann,
der die Freude seines Herzens,
nicht für sich behalten kann.

Herr, das Warten hat ein Ende,
wie du es versprochen hast,
denn dein Geist hat angekündigt:
Der Messias kommt als Gast.

Herr, dein Volk, es ist gerettet,
unser Tröster kam ins Land,
alle Schöpfung, alles Dasein,
hält er in der Kinderhand.

Herr, dein Diener, der es glaubte,
dass dein Sohn sehr bald erscheint,
kann die Wahrheit kaum erfassen,
dass sich Gott mit Mensch vereint.

Israel, vom Weg gekommen,
Gott bringt Trost für jedes Herz,
doch das scharfe Schwert der Leiden,
schafft Maria Seelenschmerz.

Herr, ich habe dich gesehen,
wie der Heilige Geist versprach,
du bist treu, gehst deinen Kindern,
durch dies Kind für immer nach.

Herr, ich kann in Frieden sterben,
denn das Kind auf meinem Arm,
ist auch Licht für alle Heiden,
macht die kalten Herzen warm.

Ein Heil ist es für alle Völker,
für Israel die Herrlichkeit.
Nun kann ich meinen Platz verlassen,
denn Gottes Gnade steht bereit.

Todesanzeigenblues

Wie tief ist eines Menschen Trauer,
wenn ein Geliebter geht.
Die Zeit steht still, er fasst es nicht,
dass Welt sich weiterdreht.
Wo ist die Seele, die die Welt
an diesem Tag verließ?
Ist sie verlöscht für alle Zeit?
Gibt es ein Paradies?
Nur Arbeit war sein ganzes Leben,
so liest man danach oft.
War das der Sinn? Wem nützte das?
Worauf hat man gehofft?
Man sieht nur mit dem Herzen gut,
ist auch sehr oft zu lesen.
Der „Kleine Prinz" wird dort zitiert,
ein menscherdachtes Wesen.
Du rockst im Himmel jetzt den Chor,
mit vielen, die dort singen,
so titelte der Boulevard,
wenn Rockstars plötzlich gingen.
„I did it my way", oftmals Motto,
ist das Erlösung oder Lotto?
Schmal ist der Weg zur Ewigkeit
und der ins Dunkel ist sehr breit.
Der Fußballclub, Motorradgang
und viele andere Dinge,
die drücken große Sehnsucht aus,
auf dass es weiterginge.

Du siehst den Garten nicht mehr blüh´n,
auch das sind leere Worte,
im Paradies, da ist ein Ort,
mit Pflanzen jeder Sorte.
Du bist ab jetzt ein heller Stern
und schaust auf uns herab,
so redet man sich selber ein,
in Zeitung und am Grab.
Nur selten liest man heute noch,
vom ewig wahren Leben,
doch dieses kann auf dieser Welt
nur einer wirklich geben.
Er starb am Kreuz, trug alle Schuld,
schenkt dem das Paradies,
der schon in seiner Lebenszeit,
ihn in sein Leben ließ.
Fast gar nichts liest man noch von ihm,
schlägt man die Zeitung auf,
so nimmt die Welt durch Ignoranz
Verlorenheit in Kauf.

Klopfet an

Wo Dunkel war, da ist nun Licht.
Wo Kälte war, das Eis, das bricht.
In Jesus ist die Welt befreit,
Vergebung, Liebe steht bereit.
So nimm den hin mein ganzes Leben,
mein Horten, Gieren, Sammeln, Streben.
Nimm hin den bösen Menschensinn,
nimm hin den menschlichen Gewinn.
Das soll mir nicht mehr wichtig sei,
nur dich im Herz reicht ganz allein.
Die Schuld, das Böse geb ich ab,
leg sie mit dir ins Felsengrab,
um mit dir wieder aufzustehen,
mit dir ins Paradies zu gehen.
Dich will ich loben, preisen, ehren,
dein Volk in dieser Welt vermehren,
du bist der Weinstock, wir die Reben,
du schenkst uns täglich neues Leben.
Du bist der Eckstein, der uns hält,
das Fundament der ganzen Welt,
dein Opfer brachte uns die Gnade,
wies Ausweg von dem Höllenpfade.
Oh Sünder, lasst uns jubilieren,
denn Jesus öffnet alle Türen,
dem der voll Buße eingesteht,
dass er in sein Verderben geht.

Er ist Erretter, Liebe, Leben,
er will uns neues Dasein geben,
die Wahrheit ist in ihm verborgen,
er ist das Gestern, Heute, Morgen.
So klopfet an, er wird euch geben,
den Startschuss ihn ein neues Leben,
wie es nicht besser werden kann,
doch fangt noch heute damit an.

Randgott

Ein Mensch nimmt sich am Morgen vor
für Gott den Tag zu leben,
den freien Tag, den er heut´ hat
für ihn nur hinzugeben.
Er nimmt die Bibel, setzt sich hin,
will sich am Wort erbauen,
da fällt ihm ein, er wollte noch
nach etwas andrem schauen.
Die Müllabfuhr kommt heute Früh
und er weiß nicht genau,
hat er die Tonne rausgestellt,
vielleicht tat´s seine Frau?
Jetzt klingelt auch das Smartphone noch,
er will ja nichts verpassen
und denkt, er muss die „Stille Zeit"
für jetzt erst einmal lassen.
Sein Auto starrt vor Schmutz und Dreck,
ab in die Waschanlage.

Der Chef ruft an, hat im Geschäft,
zu etwas eine Frage.
Der Hund muss raus, der Rasen ruft,
das Unkraut steht in Blüte,
schon ist es Mittag, Essenszeit,
danach wird er todmüde.
Die Bibel liegt noch auf dem Tisch,
sie muss noch etwas warten,
nach Mittagsschlaf und Kaffeetrunk,
wird er das Studium starten.
Ein Freund ruft an, fragt, hast du Zeit,
ich sah dich nicht seit Tagen,
und möchte auf dem Tennisplatz
ein Spielchen mit ihm wagen.
Er kommt nach Haus, dann duscht er kurz,
schaut einmal in die Zeitung,
da meldet sich noch seine Bank,
bleibt lange in der Leitung.
Er schaut zur Uhr und denkt dabei:
„Wann hört der auf zu leiern?"
Er hofft, der Monolog stoppt bald,
denn 20.00 Uhr spielt Bayern.
Die Bibel liegt noch auf dem Tisch,
sie muss noch etwas warten,
er wird wohl erst nach Bayerns Sieg,
das Date mit Christus starten.
Verlängerung, die Zeit wird knapp,
der Mensch wird langsam träge
und denkt: „Gott wird mir wohl verzeih´n,
wenn ich den Treff verlege."

So legt der Mensch sich in das Bett,
verscheucht nochmal die Sorgen
und spricht: „Vergib mir lieber Gott,
vielleicht klappt es ja morgen."
Die Bibel liegt noch auf dem Tisch,
sie wurde nicht gelesen,
denn Dinge, die vergänglich sind,
sind wichtiger gewesen.

Alt

Ein junger Mann trug einen Korb
auf seinem Weg zum Fluss.
Darin saß ein ganz alter Mensch,
der war nicht gut zu Fuß.
Ein Wanderer, der kam vorbei
und stellte viele Fragen.
„Warum", so fragte er den Träger,
„musst du den Alten tragen?"
„Er ist mein Vater, alt und blind,
ganz ohne Wert, beschränkt,
nur eine Last und ich beschloss,
er wird von mir ertränkt."
Da sprach der Frager weisheitsvoll:
„Gib nur den Korb nicht fort,
dein Sohn, der braucht ihn einst für dich,
beim Weg zu diesem Ort."

-Nach einer chinesischen Erzählung-

Fundament

Das Leid kommt oft auf leisen Sohlen,
beginnt erbarmungslos zu holen,
das weltlich aufgebaute Fundament,
für das der Mensch im Herzen brennt.

Was eben wertvoll, wichtig war,
worin der Mensch das Größte sah,
wird plötzlich sinnlos und ganz klein,
das Leid macht hilflos, lässt allein.

Das Hetzen, Sammeln, Horten, Streben,
verkommt zum Nebensatz im Leben,
das Haus, das Auto und das Geld,
sind nicht, was nun am Leben hält.

Es folgt die Suche nach dem Sinn,
die Frage, wo geht es nun hin?
In jedem Menschen ist ein Sehnen,
sich an den Schöpfer anzulehnen.

Der Schmerz, das Leiden, vieles bleibt,
dem der sein Dasein Gott verschreibt.
Doch wer sich ihm ganz anvertraut,
der hat sein Haus auf Fels gebaut.

Der hat ein starkes Fundament,
dass diese Welt heut nicht mehr kennt.
Es wird die Ruhe ihm geschenkt,
auch wenn ihn großes Leid bedrängt.

Denn Gott hat Engel ausgesandt,
sie tragen ihn mit leichter Hand.
Gott spricht: Hier bin ich, will dich retten,
befreie dich von allen Ketten.

Bin bei dir, wenn der Ausweg fehlt,
bin bei dir, wenn der Schmerz dich quält,
bin bei dir, wenn du einsam bist,
bin bei dir, wenn man dich vergisst.

Bin bei dir, liegst du Nächte wach,
bin bei dir, bist du nur noch schwach,
bin bei dir, zweifelst du an mir,
bin bei dir, schließt sich jede Tür.

Denn deinen Weg bin ich gegangen,
in Bethlehem einst angefangen.
Von dort ans Kreuz nach Golgatha,
kam ich als Gott den Menschen nah.

Kein Leid, kein Schmerz kann jene trennen,
die Jesus als Erlöser kennen.
Vom großen Gott, der selber litt,
das Paradies für uns erstritt.

Sohn Gottes stellte uns bereit,
den Lohn für jede Lebenszeit.
In ihm hat Gott der Welt gegeben,
die Rettung aller Menschenleben.

Er ist das Leben, Wahrheit, Weg,
der einzige direkte Steg.
Wer ihm sein Leben anvertraut,
der hat es nicht auf Sand gebaut.

Er ist da

Wenn du glaubst, dass niemand dich liebt,
wenn das Leben dir gar nichts mehr gibt,
wenn dein Tag keine Antworten bringt,
wenn die Seele im Dunkel versinkt,
wenn der Fluss deiner Tränen versiegt,
wenn in Trümmern dein Lebenshaus liegt,
wenn die Stille die Kehle dir schnürt,
wenn dein Herz keine Wärme mehr spürt,
wenn die Last deine Schultern zerdrückt,
wenn das Finden von Sinn nicht mehr glückt,
wenn das Glas, einst randvoll, dir zerbricht,
wenn das Leid lässt erlöschen das Licht,
dann knie nieder und rufe den Herrn,
er ist bei dir, er war dir nie fern.
Nimm die Lasten und gib sie still ab,
an den König, der ging in das Grab,
voller Liebe wird Jesus dir geben,
Vergebung, Gnade und ewiges Leben.

Macher

Aus Tränen machst du schönste Perlen,
aus Wüsten blühendes Gebiet.
Du bist der Gott, der jedes Leben,
vom Anfang bis zum Ende sieht.

Aus kleinem machst du Allergrößtes,
aus Letzten Sieger dieser Welt,
weil was die Welt als groß betrachtet,
in deinem Reich als wertlos zählt.

Aus Habsucht machst du Nächstenliebe,
erfüllst den Mensch mit deinem Geist,
du bist der Gott, der seinen Kindern,
den wahren Weg durchs Leben weist.

Aus Trauer machst du echte Hoffnung,
trägst durch und hältst uns fest im Arm,
du bist der Gott, der in der Kälte,
uns sanft ummantelt, weich und warm.

Aus Zweifeln machst du tiefen Glauben,
ein Fundament, auf Fels gebaut,
schenkst Wahrheit dem geneigten Sucher,
der in das Buch der Bibel schaut.

Aus Steinen machst du weiche Herzen,
gefüllt mit Liebe, Sanftmut, Glut,
du bist der Gott, der den verwandelt,
der voller Einsicht Buße tut.

Aus Leere machst du große Fülle,
du bist der Einzige, der bleibt.
Wenn alle nach Vergeltung rufen,
den Freispruch in das Urteil schreibt.

Aus Sündern machst du freie Menschen,
durch deinen Sohn, der für uns starb
und durch sein Opfer für die Menschheit
Erlösung für sein Volk erwarb.

Voll Demut danke ich dir Schöpfer,
für deine Güte und Geduld.
Aus tiefstem Herzen will ich rufen:
„Hab dank, fürs Tilgen meiner Schuld."

Voll leeres Herz

Ein Mensch hat alles, was ihm schmeckt,
ganz tief ins Herz hineingesteckt,
doch hat das kaum den Grund bedeckt.

Er hat, was seine Sehnsucht stillt,
ganz tief ins Herz hineingefüllt,
doch nicht die Leere dort verhüllt.

Er hat Erfolge eingesackt
und tief ins Herz hineingepackt,
doch trotzdem blieb es leer und nackt.

Er hat Besitz und Grund und Geld
in Herzenskammern eingestellt,
doch trotzdem blieb das Herz gequält.

Er hat sich Aktien, Silber, Gold,
als Sicherheit ins Herz geholt
und trotzdem es nicht umgepolt.

Ein Mensch, der dann zu Jesus fand,
ergriff die ausgestreckte Hand,
sein Herz ist voll nun bis zum Rand.

Psalm 91

Wenn am Ende des Tunnels kein Licht mehr scheint,
wenn vor Leid ohne Ausweg die Seele weint,
wenn sich Sinn nicht erschließt und die Antwort fehlt,
wenn die Frage nach Wahrheit die Nächte quält,
dann trau den Worten, die David einst sprach,
im tiefen Vertrauen, im Königsgemach.
Wer unter dem Schutz des Höchsten wohnt,
wird von ihm mit stoischer Ruhe belohnt.
Wer ihm vertraut, dem bietet er Schutz,
er ist bei Verfolgung dir helfender Trutz.
Gefahren wendet er treu von dir ab
und Krankheiten führen dich nicht in das Grab.
Wie eine Henne behütet er dich
holt seine Küken geborgen zu sich.
Der Nacht nimmt er Dunkel und jede Gefahr.
Am Tag ist er als Begleiter dir nah.
Das tödliche Fieber sinkt, wenn er will,
selbst Viren, Bakterien verhalten sich still.
Wenn Tausende sterben, dich selbst trifft es nicht,
weil Gott dir die Heilung von allem verspricht.
Wer ihn nur missachtet, erkennt ziemlich bald,
sein Leben ist ohne sein Zutun nur kalt.
Doch bist du geborgen, hast Heimat bei ihm,
verschmilzt du mit Gott zum himmlischen Team.
Er sendet dir Engel, wohin du auch gehst,
sie tragen auf Händen, wenn du mal nicht stehst.

Fällst du auf die Steine, verletzt du dich nicht,
weil Gott dir die Hilfe der Engel verspricht.
Die Löwen, die Schlangen, sie können dich beißen,
Gott wird dich den tödlichen Bissen entreißen.
Er sagt: Ich liebe von ganzem Herzen,
ich schütze dich vor Verdammnis und Schmerzen,
wer zu mir ruft, den werde ich retten,
aus bösen und dunklen Verließen und Stätten.
Wer keinen Weg aus Verzweiflung weiß,
dem gebe ich einen Ausweg preis.
Ich mache dich frei und gebe dir Ehre,
die Hilfe, die deinem Leben nimmt Schwere.
Und wenn du mich rufst, so will ich dir geben,
ein langes, erfülltes und siegreiches Leben.

Christen – ABC

Abendgebet

Alles Gute, alles Schlechte,
alles Falsche, alles Echte,
bringe ich dir, Jesus Christ,
weil du Weg und Kompass bist.

Bumerang

Liebe, Güte, Sanftmut, Teilen,
können Menschen helfen, heilen.
Schenkst du ihnen dieses Glück,
gibt Gott dir tausendfach zurück.

Christ

Wer Gott den Herrn von Herzen liebt,
ihm treu sein ganzes Leben gibt,
erhält von ihm geschenkt dazu,
vom Ich zu wandeln sich zum Du.

Dankbarkeit

Für das Leben und das Sterben,
für Vergebung uns erwerben,
sei dir Jesus unser Dank,
heute und das Leben lang.

Engel

Gott sendet seine Engel aus,
egal, wo du auch gehst,
auf Händen tragen sie dich sanft,
damit du Leid durchstehst.

Frieden

Frieden kommt in diese Welt,
nur wenn sie zusammenhält.
Egoismen bringen Kriege.
Gottes Worte schenken Siege.

Gnade

Unverdient ist unser Lohn,
durch den Tod von Gottes Sohn.
Ewig dürfen wir nun leben.
Gnade hat uns Gott gegeben.

Himmel

Schon ist für uns vorbereitet,
was die Ewigkeit begleitet.
Wohnungen im Paradies,
wie es Gottes Wort verhieß.

Ich bin, der Ich bin

Ich bin, ich war, ich werde sein,
für mich zählt nur „Ich bin" allein.
Die Zeit hier ist des Menschen Zeit,
ich Gott, ich bin die Ewigkeit.

Ja

Großer Gott, du hältst Versprechen,
wenn auch Menschen Worte brechen.
Ja heißt bei dir immer ja.
Lau ist nur die Menschenschar.

Kreuz

Jesus Christus, Mensch und Gott,
Sieger über Schuld und Tod,
starbst für uns und unsere Schuld,
dank sei dir für diese Huld.

Leid

Glück ist flüchtig, kurz, vergeht.
Leid ist, wenn der Wind sich dreht.
Doch so unfassbar es klingt,
Leid ist, was dich voran bringt.

Mensch

Der Mensch fühlt sich als Mensch betrachtet,
wenn man seinen Wert beachtet,
doch Menschen lassen oft allein
nur Gott liebt jeden Groß und Klein.

Neid

Des Nachbars Auto, Nachbars Haus,
sieht größer, schöner, besser aus.
Der Neid lässt nun nach noch mehr streben,
wie sinnlos ist ein solches Leben.

Ostern

Der Stein ist fort, das Grab ist leer,
der Tod regiert die Welt nicht mehr.
Es jubiliert die Christenschar,
die Ewigkeit ist endlich da.

Paradies

Tränen trocknen, Leid vergeht.
Liebe, die durch Straßen weht.
Trauer, Mühsal, alles fort…
Paradies heißt jener Ort.

Qual

Wenn die Fundamente fehlen,
Sorgen dich tagtäglich quälen,
stellt dich Jesus vor die Wahl.
Folgst du ihm, nimmt er die Qual.

Reue

Wer immer um sich selber kreist,
wird schwindlig und dann fällt er meist.
Doch hilft er Nächsten, schwört Gott Treue,
belohnt Gott diese wahre Reue.

Silber

Der Blick durchs Glas geht in die Weite,
doch legt man hinter eine Seite,
ein Stückchen silbernes Papier,
dann ruht dein Blick nur noch auf dir.

Täglich

Mit Liebe ist es so im Leben,
es wird nicht täglich Torte geben,
doch sollte man den Streuselkuchen
an jedem neuen Tag versuchen.

Umkehr

Mördern, Dieben, Lügnern, Hehlern,
Sündern, angefüllt mit Fehlern,
hat Gott Vergebung zugesagt,
dem, der die wahre Umkehr wagt.

Vergebung

Vergib, denn dir wurde vergeben,
ein jegliches Straucheln im Leben.
Fällt es dir schwer, dann denke daran,
was Jesus für dich am Kreuz hat getan.

Wiederkunft

Niemand bleibt, denn jeder geht,
ganz egal, wie man es dreht.
Nur Jesus schenkt Unsterblichkeit,
sei für die Wiederkunft bereit.

Xerxes

Esther baute nur auf Gott,
rief zu ihm in tiefer Not,
Xerxes, König und ihr Mann,
schützte alle Juden dann.

Yoga

Yoga, Pendeln und viel mehr,
helfen Menschen meist nicht sehr.
Menschen schenkt nur Jesus Ruh.
Komm zu ihm, was fürchtest du?

Zuversicht

Bei Sonnenschein sind tausend Kerzen
Kein Licht für Dunkelheit im Herzen,
doch eine Kerze in der Nacht
ist Grund, dass Zuversicht dir lacht.

Gotteshauch

Er ging durchs Leben wie ein Sturm,
wen kümmern abgebrochene Äste?
Der Nächste war für ihn ein Wurm,
er nahm von allem nur das Beste.
Wo er war, da war immer vorn,
er blies die Menschen vor sich her.
Wer störte reizte seinen Zorn,
Erfolg kommt nicht von ungefähr.
Es traf ihn voller Urgewalt,
als er an Kraft einbüßte.
Selbst ein Orkan wird schwach und matt,
verpufft in Lebenswüste.
Sei niemals Sturm, der die zerstört,
die selbst nicht weiterkönnen,
der sanfte Wind, dem das gelingt,
darf Gotteshauch sich nennen.

Leidzeitlohn

Es kommt die Zeit in jedem Leben,
da steht das Leben still,
weil das, was täglich funktionierte,
nun nicht mehr klappen will.
Die Sicherheiten, sie verschwinden,
Verzweiflung kehrt oft ein
und trotz der vielen guten Freunde
kämpft doch der Mensch allein.
So manches, was einst selbstverständlich,
scheint plötzlich weit entfernt,
die Welt, auf Jagd nach Lustbarkeiten,
hat Leiden ganz verlernt.
Fast jeden wird es mal betreffen,
es ist nicht alles Glück,
der Mensch wünscht dann, in schlechter Zeit,
den Alltagstrott zurück.
Der ihn oft nervte und bedrückte,
der ihm erschien banal,
was würde er nur dafür geben,
blieb ihm nochmal die Wahl.
Er sieht die Wunder dieser Schöpfung,
schätzt Kleinigkeiten neu,
erkennt den wahren Wert der Liebe,
steht jemand zu ihm treu.
Und Gott, der Liebe, Weisheit ist,
zeigt seinen Kindern still,
dass er aus jedem Klumpen Ton
ein Kunstwerk formen will.

Nicht Reichtum formt, nicht Ehre formt,
das Leiden bringt oft Lohn,
so litt für jedes Menschenkind
am Kreuz auch Gottes Sohn.
Tritt Heilung ein, so lernt der Mensch,
das Leben neu zu schätzen
und jenes, was als Letztes kam,
nach vorne nun zu setzen.
Fand so der Mensch durch Leid zu Gott,
gab ihm sein Leben hin,
dann wurde Krankheit, Schmerz und Leid
für ihn zum Hauptgewinn.

Memory

Im Karton die kleinen Schuhe,
Lego in der Spielzeugtruhe,
der Zottelteddy im Regal,
das Märchenbuch von Rübezahl.

Ein Gipsabdruck der kleinen Hand,
das Bild, das ich beim Blättern fand,
beim Lesen zwischen Bücherseiten,
ein Memory aus Kinderzeiten.

In denen bei uns Leben lebte
und jeder Tag vor Leben bebte.
Da war die Stille selten Gast
und wurde manches süße Last.

Doch jeden Morgen stand bereit
ein Tag mit 24 Stunden Zeit…
Wie wünschte ich die Zeit zurück,
das damals nicht geschätzte Glück

Um noch einmal die Chance zu haben,
uns an der Zeit mit euch zu laben.
Zu teilen, was euch wichtig war,
das Kinderglück, so wunderbar.

Die kleinen Lutscherklebehände,
bemalte frisch geweißte Wände,
die Tapsen auf den Bodenfliesen,
das ohne Hand vor Nase Nießen

Die Fragen, die nur Kinder stellen
und Eltern neu die Welt erhellen,
das Spielen voller Fantasie,
Momente tiefster Harmonie.

Wo ist nur diese Zeit geblieben,
das ungestüme plötzlich Lieben?
Wie schnell seid ihr davongegangen,
habt euer Leben angefangen.

Die Sehnsucht, Wehmut, Seelenschmerz,
ergreifen manchen Tag das Herz
und plötzlich fasst uns tiefes Sehnen…
und Augen füllen sich mit Tränen.

In jedem Kind schenkt Gott ein Stück
von seinem Plan von Menschenglück,
doch selten weiß man das zu schätzen,
beim ohne Gott durchs Leben hetzen.

Denn Kinderzimmer, kalt wie Särge
und riesengroße Spielzeugberge,
die können Kindern niemals geben
was wichtig ist im Menschenleben.

Der baut ein Fundament aus Stein,
der Jesus holt ins Haus herein.
Nur das bringt Kindern wahres Leben,
willst du das Beste ihnen geben.

Das Sandkorn

Ein Sandkorn, weiß und kugelrund,
das wurde hochgeblasen
und fiel nach einem kurzen Flug
auf einen grünen Rasen.
Es fand sich einzigartig schön,
von Gottes Hand geformt,
viel schöner als die anderen
und nicht, wie die, genormt.
Das Sandkorn voller Arroganz,
das Nächste nicht mal grüßte,
fand durch erneuten Windestanz,
als neuen Ort die Wüste.
Dort lag es und ihm wurde klar,
als Eines unter Vielen,
das Einzelne ist einzig zwar,
doch nicht, sich hochzuspielen.

So geht es Vielen auf der Welt,
Schein ist oft mehr als Sein,
doch wenn dann die Fassade fällt,
ist man nur winzig klein.

Der Wanderer

Ein Wanderer, ein Mensch und Gott,
der ging durch diese Welt,
zu finden, was das Erdenvolk
für wirklich wichtig hält.
Im ersten Land, in das er kam,
war Reichtum ohne Ende,
im zweiten schon fand er jedoch,
nur ungefüllte Hände.
Im Dritten herrschte Krieg und Hass,
der Tod ging brüllend um.
Im Vierten gab es nur Genuss,
doch Seelen, kalt und stumm.
Im Fünften herrschten Gotteskrieger,
dort gab es keine Liebe mehr.
Im Sechsten war man egoistisch
beim Marsch im Konsumentenheer.
Im Siebten gab es Umweltschutz,
für Menschen in der reichen Welt.
Das achte Land war arm und wehrlos,
vergiftet und zerstört für Geld.
Im Neunten lebte ein Diktator,
geklonte Diener um sich rum.

Im Zehnten brachten Menschenheiler
das Kind im Mutterleibe um.
Der Wanderer, ging einst von dannen,
verhöhnt, verspottet, umgebracht.
Er sah dass Menschen sich nicht ändern,
verharrend in der dunklen Nacht.
Der Wanderer wird wiederkommen
zu bringen die Gerechtigkeit,
die Menschen, die ihn wirklich kennen
sind jeden Tag für ihn bereit.

Götze

Bist vielfarbig, blechern nur,
hast vier Beine, Gummi pur.
Bist Männerliebe, pferdestark,
obwohl du brummst den ganzen Tag.
Du stichst die Frau, die Kinder aus,
man baut dir gar ein schönes Haus.
Du dienst dem Statusvorzeiggott,
bringst viele finanziell in Not.
Du wirst gestreichelt und poliert,
wirst aufgemotzt und renoviert.
Bist täglich in der Werbung drin,
raubst Menschen Zeit und oftmals Sinn.
Ach wäre es nicht wunderschön
würd´ man mit Menschen so umgeh´n?
Ich streichle lieber warme Haut,
weil mir vor kalten Götzen graut.

Im Traum

Im Traum, da sah ich einen Spiegel,
der war vor Flecken blind.
Hier Reichtum hinter Schloss und Riegel,
dort Angst der Eltern um ihr Kind.
Im Traum, da sah ich Fensterleder,
die machten blinde Flecken frei.
Im Putzschrank hatte sie ein jeder,
doch vielen war das einerlei.
Im Traum da putzten viele nur,
die kleine Stelle um sich blank.
Da herrschte Egoismus pur,
das Leben reich, die Seele krank.
Im Traum, da hört´ ich Jesus Ruf
nach Nächstenliebe hallen,
weil Gott die Erde für uns schuf
zur Nutzung von uns allen.
Im Traum, da war der Spiegel blank,
gemeinschaftlich geputzt,
vereint von Menschen Hand in Hand,
nicht Elend ausgenutzt.
Im Traum, da sah ich Menschen beten,
für Liebe als Gebot der Welt,
in allen Ländern, allen Städten,
weil Gott die Welt in Händen hält.

Herzensgarten

Tief versteckt in Herzverliesen,
steckt eine zarte Blume.
Und säumst du öfter, sie zu gießen,
dann bleibt nur harte Krume.
Obwohl du denkst, sie sei nicht mehr
in Erde, hart und trocken,
den Keim, den steckte Gott der Herr,
du kannst das Wachstum locken.
Dann siehst du staunend Blütenpracht,
hängst nach verschenkten Jahren,
hast Ableger dir jetzt gemacht,
willst nie mehr Dünger sparen.
Nun gibst du gerne Blumen ab
aus deinem Herzensbeet,
für Wärme, Liebe, Herzlichkeit,
da ist es nie zu spät.
Es gibt so viele auf der Welt,
die suchen die Oase.
Wer Gott kennt, füllt dem Nächsten gern
die Herzensblumenvase.
Mit Blumen voller Farbenpracht,
mit Wasser, rein und klar,
mit einer klitzekleinen Spur
wie´s Paradies einst war.

Puzzle

Mit Karton voll Puzzleteilchen
erblickst du klein das Licht der Welt.
Viele helfen dir beim Rahmen,
damit der Anfang leichter fällt.
Weiter suchst du Stück für Stück
die vielen Lebenswunder,
siehst noch das, was Kinder seh´n,
dein Lebensbild wird runder.
Dann folgt eine lange Zeit,
du baust mal hier, mal dort,
pendelst zwischen allen Welten,
wechselst oft den Ort.
Irgendwann stellst du die Frage
und prüfst ganz genau,
war ein buntes Bild dein Leben
oder trist und grau?
Hatte es sehr viele Farben,
schaust du stolz zurück,
dann verteile deine Gaben,
und gib ab vom Glück.
So baut an dem Lebenspuzzle
ein jeder Menschenwurm,
manchmal, ist es gerade fertig,
zerstört´s ein Schicksalssturm.

Geduld und nur auf Gott vertrauen
wie Jesus es uns lehrt,
dass sind Lebenspuzzlestücke,
nicht eines ist verkehrt.
Legst du dann das letzte Stück
des Puzzlebilds vom Leben,
dann wird Gott dein gutes Werk
auf Himmelssperrholz kleben.

Wein aus Wasser

Das Schicksal treibt dich hin und her
und oft verschwimmt die Richtung.
Mal ist es gut, mal ist es schlecht,
vom Wald geht´s auf die Lichtung.
Es ist halt so im Erdenhaus,
es hat ganz viele Türen,
mal gehst du rein, mal gehst du raus,
man muss es akzeptieren.
Am Anfang einer langen Reise,
da steht der erste Schritt
und gehst voller Güte, weise,
geht Gott die Strecke mit.
Kommst du dann an die letzte Tür
und gehst hindurch allein,
steht guten Lebens Lohn bevor,
dann wird aus Wasser Wein.

Geboren ist der Friedensfürst

In Bethlehem hat sich erfüllt,
was Gottes Wort dem Mensch enthüllt.
Vergebung wurd´ der Welt zuteil,
der Tod besiegt, geschenkt das Heil.

Die Hirten dort als erste Zeugen,
die sah man still die Häupter beugen,
als Gottes Sohn zur Erde kam,
ganz ohne Prunk, im Stall und arm.

Er brachte Freude statt Vergnügen,
er brachte Wahrheit anstatt Lügen.
Er brachte Liebe anstatt Hass,
er brachte Sinn statt dumpfem Spaß.

Kommt heut´ ein Kind auf diese Welt,
dann kennt es Waffen nicht noch Geld.
Doch schlummert schon in jedem still,
das, was von Gott es trennen will.

Denn diese Welt, sie bleibt verloren,
wird Jesus nicht ins Herz geboren,
der Heilige Geist weht überall,
seit der Geburt in jenem Stall.

Was hat die Welt denn schon zu bieten,
im Lostopf voller Sinnsuchnieten?
Am Ende wird ein jeder sehen,
was wirklich zählt, muss er einst gehen.

In einem Stall hat es begonnen,
kommst du zum Kind, hast du gewonnen,
denn dort, in Heu und Stroh geboren,
sind wir gefunden statt verloren.

So tragt den Schein der Weihnachtskerzen,
an jedem Tag in euren Herzen,
bezeugt den, der voll Liebe spricht:
„Ich bin der Weg, die Wahrheit, Licht.

Ich bin das Leben, das gelingt
und Sinn in jedes Dasein bringt.
Noch heute kannst du zu mir kommen,
die Schuld und Last wird dir genommen.“

Schaut auf den Herrn und gehet hin,
bringt dieser Welt den wahren Sinn,
doch das nicht nur zur Weihnachtszeit,
steht täglich für den Herrn bereit.

Komm zu Jesus

Komm, lass uns miteinander leben,
für alle Gutes nur erstreben.
Tagtäglich nach dem Frieden suchen,
durch Nächstenliebe Siege buchen.
Dem Leidenden die Hände halten,
bei Recht und Frieden mitgestalten.
Die Wahrheit suchen, ehrlich sein,
die Einsamen aus Not befrei´n.
Den anderen das Beste gönnen,
sich mit dem Nächsten freuen können.
Bei Trauer stiller Tröster werden,
ein Licht als Christ, schon hier auf Erden.
Barmherzig helfen, Sanftmut zeigen,
verbindend sein im Menschenreigen.
Das suchen Menschen allerorten…
Die Lösung liegt in Jesus Worten.
Mit seiner Botschaft ganz allein,
kann Obiges nur möglich sein.
Und sagst du: Lass mich doch in Ruh´,
dann frag ich dich: „Was fürchtest du?"

Zeit sparen?

Ein Mensch drückt auf ein Knöpfchen nur
zum Tür und Fenster schließen.
Dann schaltet er sein Smartphone an
um Blumen schnell zu gießen.
Den Daumen setzt er höchstens ein,
fährt er vors Häuschen vor.
Mit leichtem Druck auf einen Knopf,
hebt sich's Garagentor.
Der Bordcomputer piept und summt,
hat Technik einmal Tücken
und sagt dir, auf zum Kundendienst
und auf zum Scheine zücken.
Zum Einkauf schnell ins Internet,
man bleibt im Sessel sitzen.
Am selben Tag noch, schwerbepackt,
siehst man die Boten flitzen.
Der Mensch schaut auf den Bildschirm nur
nutzt selten seine Füße.
Per Whatsapp schickt er seiner Frau
und seinen Kindern Grüße.
Die Bank hat zu und dir fehlt Geld?
Geh nur zum Automaten,
er spuckt dir viele Scheine aus,
brauchst nicht am Schalter warten.
Wer „in" sein will und „up to date",
versucht so Zeit zu sparen,
doch sagst du einmal: „Hallo Freund,
ich sah dich nicht seit Jahren!"

Dann spricht er und sein Smartphone summt:
„Es tut mir wirklich leid.
Du weißt doch, wie das heute ist,
man hat so wenig Zeit."

Und viel mehr Blumen während des Lebens…

Kannst du etwas mit mir gehen?
Doch er blieb im Alltag stehen.
Hast du zwei Minuten Zeit?
Doch kein Ohr für Herzensleid.
Kannst du etwas länger bleiben?
Doch er ließ sich weltentreiben.
Hältst du kurz mal meine Hand?
Doch hat ein Termin gebrannt.
Als die Todesnachricht kam,
dachte er voll später Scham,
Füße, Hände, Herz zu geben,
bei der nächsten Chance im Leben.

TräumerEi

Ein Huhn des Biobauers Meier,
das legte wunderschöne Eier.
Es lebte froh auf grünem Gras,
doch irgendwie, da fehlte was.

Es ist wohl so, bei Groß und Klein,
man könnte doch zufrieden sein.
Doch Träume wecken manche Gier,
darum geht es auch heute hier.

Das Huhn, das wollte lieber brüten,
statt Eier für den Bauern hüten.
So hat es flugs ein Ei versteckt,
gehofft, dass niemand es entdeckt.

Als sich der Bauer dann entfernte,
mit einem Korb voll Eierernte,
da frönte es dem Gluckentrieb
und hatte jenes Ei nun lieb.

Es träumte, das dem Ei entschlüpfte,
ein Hähnchen, das vor Freude hüpfte
und ein geliebter König war
von einer Riesenhennenschar.

Das Huhn, das wäre Königsmutter,
mit allerbestem Hühnerfutter.
Die Federn würden ihm gemacht
in einem Nest von purer Pracht.

Ihr Sohn gewänne viele Male
auf Hühnermessen Goldpokale.
Er wäre Star, nur er allein,
im Rassehühnerzuchtverein.

Doch plötzlich nahte Bauer Meier,
ihm fehlten noch so ein, zwei Eier.
Er stellte voller Freude fest,
da sitzt ein Huhn auf seinem Nest.

Ein Griff, der Bauer nahm die Beute,
was das erwachte Huhn nicht freute.
Der Traum vom Ruhm ging flugs vorbei,
er endete als Spiegelei.

Das Ei ist Sinnbild dieser Welt,
die viel verspricht, doch wenig hält.
Auch Menschen leiden manchmal Qualen,
zerbricht ein Wunsch wie Eierschalen.

Club Shame

Urlaubszeit in fremden Ländern,
Ghettos der Glückseligkeit.
Etwas weiter, in Baracken,
macht sich Not und Elend breit.
Hier der Club zum animieren,
dort die Kindheit, hoffnungslos.
Reiche, die im Luxus schwelgen,
für die Armen Abfall bloß.
Drinks am Pool im Abendkleid,
Frohsinn auf Befehl.
In den Slums zur Abendzeit,
weder Brot noch Mehl.
In den Flieger, fortgedüst,
nach dem Abschiedsessen,
bis der nächste Urlaub grüßt,
wird armes Land vergessen.

Ver „APP" elt

Ein Mensch beschließt in diesem Jahr,
damit ich Zeit und Euros spar,
muss endlich nun ein Smartphone her,
das hilft bei beidem sicher sehr.

Er nimmt es gleich zum Einkauf mit,
zu nutzen es nun Schritt für Schritt,
ruft auf die App zum Parkplatz suchen,
um bei der Suche nicht zu fluchen.

Die App zeigt ihm auch Plätze an,
doch hilft das weder Frau noch Mann,
denn alle sind besetzt zum Pech,
dort steht wie immer Blech an Blech.

So wartet er wie schon seit Zeiten,
bis jemand kommt aus Ladenweiten,
das Auto bis zum Dach belädt
und schon nicht mehr im Wege steht.

Kaum ist er dann im Laden drin,
kommt ihm sein Smartphone in den Sinn.
Damit die Euros länger reichen,
sucht er die App zum Preis vergleichen.

Am Ende spart er 50 Cent,
wenn er wie ein Verrückter rennt.
Fünf Läden müsste er besuchen.
Die App ist Mist, hört man ihn fluchen.

Jetzt sieht er, wo sonst Zucker stand,
steht Müslimischung Nuss-Krokant,
denn umgeräumt hat man die Waren,
so nervt man Kunden schon seit Jahren.

Vielleicht gibt es ja eine App,
für ihn, den Orientierungsdepp,
so hofft der Mensch, doch leider nicht,
er sucht auf gute alte Sicht.

Nun steht er in der Warteschlange.
Mein Gott, denkt er, das dauert lange.
Das könnte eine App erhellen,
die optimiert, sich anzustellen.

Die gibt es auch, er macht ein Bild,
danach wird es recht vogelwild.
Die App berechnet Durchschnittsmengen,
von allen Wartewagengängen.

Der Mensch hüpft hektisch hin und her
im Kassenschlangenwartemeer,
beschließt das Smartphone auszuschalten
und manuell den Platz zu halten.

Nach Regen sieht es draußen aus,
das Smartphone also wieder raus.
Die Wetterapp wird ihm wohl sagen,
kann er Transport zum Auto wagen?

Wahrscheinlichkeit ist 10 %,
dass Regen fällt, doch nur dezent.
So liest er und schiebt los ganz munter,
da prasseln 10 % herunter.

Bei Facebook schickt er noch zum Schluss,
weil es die Welt erfahren muss,
ein Selfie mit dem Einkaufswagen:
Hab´ eingekauft, soll es wohl sagen.

Die Frau ruft an: „Wo bleibst du nur?"
Er spricht: „Bin noch auf Einkaufstour.
Das Smartphone ist ein wahrer Segen".
Sie sagt: „Schau auf die Uhr, von wegen!"

Der Mensch fährt träumend vor sich hin,
mit nichts als Smartphone nur im Sinn.
Noch einmal nimmt er es zur Hand,
sieht nicht den Typ am Straßenrand.

Der winkt ihm heftig mit der Kelle,
zwingt ihn zu halten auf der Stelle.
Für 100 Euro gibt er Ruh´.
Ein Punkt in Flensburg kommt dazu.

Das Wichtigste auf dieser Welt
ist für den Menschen nicht das Geld.
Denn hundert Freunde ihn erlabend,
hat er bei Facebook schon am Abend.

Das geht bei Facebook blitzeschnell,
sind sie auch letztlich virtuell.
Doch ist der Akku einmal leer,
dann hat man keine Freunde mehr.

Hebt dann der Mensch einmal den Blick,
kehrt in die echte Welt zurück
und nutzt, statt Fingern, die schon wund,
mal seinen fast vergessenen Mund,

entdeckt er zwischen Fluch und Segen,
das Menschsein gibt's auf vielen Wegen,
zieht seine Weisheit dann daraus
und lässt das Smartphone manchmal aus.

Doppelter Versicherungsschaden

Ein Mensch, der hat in seinem Laden
durch Rohrbruch einen Wasserschaden.
Wie gut, denkt er, für dieses Leid,
steht die Versicherung bereit.

So hat ihn das nicht sehr verdrossen,
dafür hat er sie abgeschlossen.
Zwecks Hilfe gegen seinen Kummer
sucht er Police, Hotline-Nummer.

Erst ist besetzt, dann endlich frei,
dann fragt man ihn nach eins, zwei, drei.
So schnell entscheiden kann er nicht,
weshalb er das Gespräch abbricht.

Erneut nervt ihn die Warteschlange,
noch einmal wartet er recht lange.
Drückt, als er dran ist, gleich die Zwei
und hofft, dass dieses richtig sei.

Jedoch der Mensch am andren Ende,
belehrt des Bess´ren ihn behände
und das für Wasserschäden sei,
auf seiner Tastatur die Drei.

Der Mensch, sein Blutdruck langsam steigend,
legt auf und wartet noch mal schweigend.
Minutenlang wird er beschallt
mit Tönen aus dem Regenwald.

Dann bittet eine nette Dame,
zu nennen Schaden, Wohnort, Name
und findet seine Daten nicht,
worauf der Mensch in Zorn ausbricht.

Sonst so ein netter Zeitgenosse,
benutzt er Worte aus der Gosse,
lässt seine angestaute Wut heraus,
schimpft jene Dame furchtbar aus.

Die stottert, wagt sich nicht zu wehren,
der Mensch fährt fort sich zu beschweren,
da sieht er, und ihm stockt das Blut,
dass er der Armen Unrecht tut.

Die nette Dame ist nicht schuld,
viel mehr wohl seine Ungeduld.
Als er an Worten noch geschliffen,
hat er das falsche Blatt ergriffen.

Erwischte so den falschen Laden
zu melden seinen Wasserschaden.
Wie ändert er nur diesen Lauf?
Er schämt sich und legt feige auf!

Der Mensch trägt nun zum Wasserschaden,
die schwere Last der Hasstiraden
und will in Zukunft danach streben,
die Fehler Nächster zu vergeben.

Reinkarnation

Ein Mensch schlägt früh die Zeitung auf,
da nimmt das Unheil seinen Lauf.
Er liest von Wirtschaft, Politik,
im Feuilleton die Filmkritik.

Danach das Neueste aus der Welt
und was die Börse macht mit Geld.
Als nächstes Sport und Klatschgeschichten,
gefolgt von den Lokalberichten.

Dann Kleinanzeigen und zuletzt,
(was ihn an diesem Tag entsetzt),
beim Lesen in den Letternreigen,
die Seiten, die den Tod anzeigen.

Der ganze Tag ist ihm verdorben,
er liest, er selber sei gestorben.
Das trifft ihn schmerzlich in das Herz,
trotzdem er lebt, spürt er den Schmerz.

Die Dame in der Redaktion
entschuldigt sich mit leisem Ton,
als ihr der Mensch, der wütend bebt,
beweist, dass er sehr wohl noch lebt.

Er hört, schon morgen sei zu lesen,
dass das ein Irrtum wär´ gewesen
und das man ihm zum Wochenende
noch einen Büchergutschein sende.

Der Praktikant sei Schuld daran,
der habe halt noch keinen Plan.
Es tue ihr von Herzen leid,
sie hoffe, dass er das verzeiht.

Der Mensch, der lenkt besänftigt ein,
sein Herz, das ist ja nicht aus Stein.
Am nächsten Morgen schlägt er so
die Zeitung auf, noch hoffnungsfroh.

Sein Name steht dort, dick und fett,
doch wieder ist das gar nicht nett
und lässt erneut den Blutdruck steigen:
Er steht unter „Geburtsanzeigen".

Made in Germany

Lahmacun, Baguette und Döner,
machen uns das Leben schöner.
Möbel von dem Mensch aus Schweden
sind erschwinglich meist für jeden.
Tee aus Südamerika
hat jeder Teegenießer da,
Neuseelandkiwis, Vitamine,
liegen in der Obstterrine.
Italiens feinste Lederschuhe,
stehen vor der Wäschetruhe,
Parfüm aus Frankreich, tankzugweise,
macht jedes Jahr die Importreise.
Hollands Käse, Stück für Stück,
erhöht das Morgenfrühstücksglück.
Der Teppich aus dem Orient
schmückt manchen Wohnraum ganz dezent.
Den Kaviar von Russlands Fischen,
den findet man auf Luxustischen.
Selbst in der Tasse der Kakao
ist nicht aus deutschem Eigenbau.
Lief alles Fremde einfach fort,
wär Deutschland ein ganz trister Ort.
Wir nutzen gern globale Güter,
doch Zorn ergreift die Schlichtgemüter,
auf Menschen aus den fremden Staaten,
denn die, die haben schlechte Karten.

Christenpflicht

Ein Mensch, im Supermarkt, beim Suchen,
steht gerade am Regal mit Kuchen,
da sieht er in den Laden eilen,
den Typ, der´s liebt, sich mitzuteilen.

Schnell saust der Mensch zur Frischfleischtruhe
und hofft, man lasse ihn in Ruhe,
steckt seinen Kopf ganz tief ins Eis,
studiert recht lang und nah den Preis.

Dann schiebt er weiter, blau gefroren,
mit Schmerzen in den kalten Ohren,
verkrümelt sich in Warengänge,
taucht unter in der Menschenmenge.

Rasch kauft er ein und ohne Denken,
versucht den Wagen fortzulenken,
von jenem Mensch, der gern verweilt
und seine Zeit mit Freuden teilt.

Grad fährt er um ein scharfes Eck,
da sieht er plötzlich voller Schreck,
(sein Tag wird augenblicklich trüber)
des Redners Wagen gegenüber.

Die nächste lange halbe Stunde,
strömt ohne Ende aus dem Munde,
des Menschen Flut von Anekdoten,
dem Hörer juckt es in den Pfoten.

Er denkt bei sich in aller Stille,
mit Hut, Perücke, Sonnenbrille,
wird er demnächst sich wohl verkleiden,
vielleicht den Supermarkt auch meiden.

Er hadert mit den Christenpflichten,
nicht über andere zu richten
und findet´s manchmal übertrieben,
den Nächsten wie sich selbst zu lieben.

Wünsche

Ein Vogel sieht durch eine Scheibe,
auf einem Tisch des Menschen Bleibe,
ein Schüsselchen mit Haferflocken
und lässt sich durch den Hunger locken.

Erregt fliegt er mal hin, mal her
und jubiliert und zwitschert sehr.
Das Glück erscheint ihm heute hold,
schenkt ihm am frühen Morgen Gold.

Mit frohem Lied und Flügelschlag
glaubt er, das sei ein guter Tag,
fliegt eine tollkühn, dreiste Schleife,
stürzt auf die Beute mit Gepfeife.

Doch manchmal trügt der schöne Schein,
das sieht das Vöglein schmerzlich ein
und prallt mit allergrößter Power
vor eine unsichtbare Mauer —

Ein Mensch sieht durch das Glas der Türe,
da streckt ein Vogel alle Viere,
hat Mitleid, will den Armen pflegen,
doch da beginnt der sich zu regen.

Schnell fliegt er fort, bleibt nicht mehr liegen.
„Ach", denkt der Mensch, „könnt´ ich auch fliegen".
Zwei Kreaturen wird enthüllt:
Ein mancher Wunsch bleibt unerfüllt!

Hinter Sternen

Herr L. begann sich zu ereifern,
es läge ihm unendlich fern,
in Luxusautos einzusteigen,
des Markenzeichens mit dem Stern.

Den Fahrern ging es nur ums Protzen,
zu zeigen, was man Tolles hat,
die Autos seien doch wie Panzer
und kaum geeignet für die Stadt.

Zu groß, zu plump und unbeweglich,
sie sähen schon so öde aus,
kurz, diese Marke der Verschwender,
die käme ihm wohl nie ins Haus.

Der Mensch, drei Lottowochen später,
gewinnt beim Monatssonderspiel,
genau ein Auto jener Marke
und kriegt vor Freude fast zu viel.

Durchs Dorf kurvt er mit größter Wonne
und hofft, ein jeder sähe ihn,
der Stern glänzt blinkend in der Sonne,
Herr L. summt lächelnd vor sich hin.

Am Stammtisch prahlt er Motorleistung,
stimmt mit in Lobeshymnen ein.
So schnell kann heute eine Meinung
schon morgen Schnee von gestern sein.

Verwandlung

Ein Mensch, der eine Meinung hat,
verkündet sie und lächelt glatt,
schaut Beifall heischend in die Runde,
doch Lob kommt nicht aus einem Munde.

So schwächt der Mensch die Meinung ab,
doch schweigt die Menge wie ein Grab
und zeigt ihm durch die Schweigerei,
dass das die falsche Meinung sei.

Der Mensch, entnervt von jenem Schweigen
schwenkt um in Hordenmeinungsreigen,
hängt seinen Mantel in den Wind,
wird jedermann ein liebes Kind.

Man klatscht ihm Beifall, dass es kracht,
man jubelt, lobt ihn und man lacht,
sofort nennt man sein Wort famos,
so werden Menschen rückgratlos.

Zehn kleine Menschen

Ein kleiner Mensch
geht einsam durch die Welt
und fällt der Mensch, ist niemand da,
der seinen Sturz aufhält.
Zwei kleine Menschen,
die gehen Hand in Hand
und wird der eine einmal schwach,
dann hält der andere stand.
Drei kleine Menschen,
die waren sehr verschieden,
doch Liebe und Verbundenheit
bescherte ihnen Frieden.
Vier kleine Menschen,
die bauten an der Welt,
doch jeder nahm für sich ein Stück
vom großen Erdenfeld.
Fünf kleine Menschen,
die wollten gern bestimmen
und in der Gruppe ganz allein
als erster vorne schwimmen.
Sechs kleine Menschen,

die konnten nicht vertrauen
und fingen an um ihren Platz
ein Mäuerchen zu bauen.
Sieben kleine Menschen,
die schafften und bestellten
und hofften durch Besitz
als auserwählt zu gelten.
Acht kleine Menschen,
die hatten Angst um Habe
und trugen Gott und sein Gebot
in ihrem Herz zu Grabe.
Neun kleine Menschen,
die wollten Reichtum schaffen,
durch lügen und betrügen,
mithilfe scharfer Waffen.
Zehn kleine Menschen,
die kämpften um den Sieg.
Für ihren Egoismus,
denn niemals siegt der Krieg.
Viele kleine Menschen,
die machten blutig Beute
und wenn sie nicht gestorben sind,
dann leben sie noch heute.

Vom Ende betrachtet

Wenn einer geht, dann hält man meist,
recht fromme Trauerreden.
Und selbst der größte Feind erfährt:
Er war geliebt von jedem.

Doch hölzern sind die Bohlen meist,
auf denen Särge liegen
und so besteht das Risiko,
dass sich die Balken biegen.

Die Liebe hinterlässt die Spur,
lässt Ewigkeit erfahren,
sie ist der Datenbindestrich,
in mitten von zwei Jahren.

Drum lebe so, dass irgendwann,
beim letzten Grabgeläut,
nicht einer nur am Grabe steht,
der sich von Herzen freut.

Das grünere Gras

Ein Mensch schaut sehnsuchtsvollen Blickes
in einen Festtagsaal,
die Einsamkeit in seiner Wohnung
wird täglich ihm zur Qual.

Wie gerne würde er dort feiern,
bei Tanz, Gesang und Wein,
mal wieder seine Seele wärmen,
jedoch er bleibt allein.

Ein Mensch schaut hoch zu jenem Fenster,
aus jenem Festtagssaal,
wie gerne würde er doch tauschen,
ihm ist das Fest nur Qual.

Zu laut, zu warm, wie schön es wäre
im Zimmer ganz allein,
beneidet er den Mensch dort oben,
fühlt sich als armes Schwein.

So ist es wohl im wahren Leben
und das bereitet Qual,
sieht man das Grün auf Nachbars Wiese,
erscheint die eigene kahl.

Methusalem

Ein Mensch, der täglich Knoblauch isst,
der lebt 5 Jahre länger,
doch dafür riecht er in der Zeit
als Mitmensch etwas strenger.

Olivenöl, oft angewandt,
kann Speisen Würze geben.
5 Jahre fügt man so hinzu,
zu eines Menschen Leben.

Kombucha ist der Zaubertrank
sehr vieler Asiaten,
ein Glas pro Tag lässt Bruder Tod
5 Jahre länger warten.

Der grüne Tee, für alles gut,
den trinke literweise,
5 Jahre ist der Bonus dann
auf deine Lebensreise.

Auch Ginseng nehme täglich ein,
für Nägel, Knorpel, Haare,
das gibt dir Kraft und außerdem
5 Lebenszusatzjahre.

Aus Artischocken der Extrakt
lässt Zellen fitter bleiben.
Du kannst auf deine Lebenszeit
5 Jahre gut dir schreiben.

Der Weißdornsaft soll jeden Tag
durch deine Kehle fließen,
schon siehst du an dem Lebensbaum
5 Jahre weiter sprießen.

Wer Wasser trinkt und sportlich lebt,
so dreimal in der Woche,
der sinkt 5 Jahre später erst
in Grabes dunkles Loche.

Acht Stunden Schlaf sind optimal,
die soll man täglich kriegen,
wer das beherzt, der wird der Zeit
5 Jahre noch zufügen.

Hört dann der Mensch das Rauchen auf,
trotzt Alkoholgefahren,
dann kommt der letzte Atemzug,
statt bald erst in 5 Jahren.

So kann man es, wenn man es glaubt,
in bunten Blättern lesen.
Das stärkt Gesundheit, aber auch
Verlags- und Zeitungswesen.

Der Durchschnittsmensch wird 80 alt,
kommt obiges hinzu,
kriegt er mit 130 erst
die wohlverdiente Ruh´.

Es drehen sich Gedanken dann
rund um die Angst ums Leben,
dabei wird Gott genau die Zeit
für seine Pläne geben.

Doch für die große Würmerschar,
das darf man nie vergessen,
dient der, der gut den Körper pflegt,
als kerngesundes Essen.

Sinnsucher

Ein Goldfisch schwamm in einem Glas
und fragte sich: „Was soll denn das?
Ich schwimme her und schwimme hin,
ist das des Lebens ganzer Sinn?"

Ein Kater saß vor jenem Glas,
der liebend gerne Goldfisch fraß.
Er schlich zum Goldfischwohnort hin,
dem Fisch zu zeigen seinen Sinn.

Der Goldfisch sah, in seinen Topf,
da schaute ein ganz großer Kopf,
mit Schnurrbarthaar und Mörderblick
und wich entsetzt zum Grund zurück.

Jedoch erwischte ihn die Tatze,
zum Boden warf das Glas die Katze,
so gingen Glas und Goldfisch hin
und auch die Frage nach dem Sinn.

Burn-out

Ein Mensch, ein wirklich Hochgescheiter,
stieg auf, auf der Karriereleiter,
ging dafür manchmal über Leichen,
wer ihm nicht folgte, musste weichen.

Die Freude ging ihm bald verloren,
die Seele wurde eingefroren,
das Herz, es wurde hart wie Stein,
er stand auf Gipfeln, doch allein.

Durch Fleiß und schinden, schinden, schinden,
ließ sich Erfüllung auch nicht finden,
der Mensch hat schleichend abgebaut,
bis zum berüchtigten Burn-out.

Ein anderer führt nun sein Leben,
man muss dem Feuer Nahrung geben.
Wie schnell sind Ruhm und Geld dahin,
dann folgt die Frage nach dem Sinn.

Der Mensch, der irgendwann zu Gott fand,
lebt heute frei auf einem Eiland,
stieg ab von den Karrieresprossen,
der Leiter, die er einst genossen.

Er stellte fest, auf jener Leiter,
kam er nicht eine Stufe weiter,
weil er herausgefunden hat:
Die Leiter war ein Hamsterrad.

Feuer und Wasser

Das Feuer und das Wasser,
die hatten sich zum Feind.
Sie führten viele Kriege
und waren nie vereint.
Das Feuer und das Wasser,
die hatten sich nicht gern,
war Wasser mal zugegen,
dann blieb das Feuer fern.
Ein Topf, der sah die Feindschaft
und machte dieser Schluss,
weil in die Welt der Zukunft
der Frieden kommen muss.
Das Feuer kochte Wasser,
so machten beide Sinn,
sei wie der Topf, der weise,
dann kommt ein Neubeginn.

Menschenjäger

Wir jagen nach den Dingen
die Mensch für wichtig hält.
Wir jagen nach der Ehre,
nach Macht, nach Ruhm, nach Geld.
Wir jagen nach der Liebe,
die nie Erfüllung gibt,
weil Liebe, wahre Liebe,
uns nur der „Eine" gibt.
Wir jagen nach Gesundheit,
weil das „Hauptsache" ist,
das führt dazu im Leben,
dass man den Sinn vergisst.
Wir jagen nach Erlebnis,
nach Party, Spiel und Spaß,
sind plötzlich alt und fragen,
was bitte, brachte das?
Wir jagen nach Erkenntnis,
nach Wissen, Weisheit, Sinn,
es steht doch in der Bibel,
kaum einer schaut noch hin.
Wir jagen nach dem Frieden,
den nie die Welt erreicht
und sehen nicht den „Einen",
der uns den Frieden zeigt.
Wir jagen, jagen, jagen,
vom Kindsbett bis zum Tod,
doch brachte uns auf Erden,
nur Jesus Tod ins Lot.

Die Jagd, sie ist beendet,
wenn er dein Leben führt.
Wenn du ihn darum bittest,
wirst du sofort berührt.
Er nimmt hinweg die Sünden,
egal, zu welcher Zeit.
Er hält für dich Vergebung
und Gnade stets bereit.
Er gibt dir Liebe, Frieden,
er gibt dir Leben neu.
Wenn alle Menschen gehen:
Er bleibt dir ewig treu.

Wir sehen uns wieder...

Nun bist du gegangen, das Herz ist uns schwer.
Die Hände sie ruhen, du konntest nicht mehr.
Das Leid und die Schmerzen, sie waren zu viel,
du wolltest noch leben, zu weit war das Ziel.
Die kleinen Geschichten, dein helfendes Wort,
nun schweigst du für immer, ganz still gingst du fort.
Wie hast du gelitten, warst tapfer dabei,
nur in deinen Augen, war manchmal ein Schrei.
Der Wind, er weht weiter, die Sonne, sie scheint,
die Welt schreitet voran, egal, wer grad weint.
Wir spüren die Wunde, erneut fließt das Blut,
weil sich zu erinnern, der Trauer gut tut.
Doch schwindet sie nie, wird sie auch nicht schlimmer,
denn Gott schenkt uns Trost, die Narbe bleibt immer.
Wir sehen uns wieder, bei Jesus dem Herrn,
denn kurz ist das Leben, die Zeit ist nicht fern.

Vier mal zwanzig (nach Andreas Malessa)

Ein Mensch kommt klein und nackt zur Welt
und schon beginnt die Jagd nach Geld.
In den ersten zwanzig Jahren,
kann der Mensch nicht wirklich sparen.
Da wird er fit gemacht fürs Leben,
da lernt er und beginnt zu streben.
Dann kauft er zwanzig Jahre ein
baut in sein Leben Stein auf Stein.
So geht es zwanzig Jahre weiter
auf der Konsum- und Leistungsleiter.
Doch irgendwann, da fehlt der Platz,
ins Abseits wandert Schatz für Schatz.
Bei Ebay reibt man sich die Hände,
verkauft ein Mensch sein Zeug am Ende.
In den letzten zwanzig Jahren
entdeckt der Mensch für sich das Sparen.
Die neue Freude, die er fand,
war ab sofort sein Kontostand.
Dann atmet er ein letztes Mal,
auf seinem Konto wuchs die Zahl,
sechs Ziffern, die ihm nichts mehr bringen,
der Tod lässt niemals sich bezwingen.
Und als vor Gott er endlich steht,
da merkt der Mensch: Es ist zu spät!
Was Gott ihm schenkte für das Leben,
hat er für sich nur ausgegeben.
Er gab sich nur dem Mammon hin…
War das das Leben, das der Sinn?

Großes tat der Herr

Großes tat der Herr in meinem Leben,
für alles danke ich ihm sehr.
Auch die Gemeinde spürt sein Wirken,
was er verspricht, wird immer mehr.
Manchmal sieht man keine Wege,
auch das will ich hier sagen,
doch geht er mit uns jeden Schritt,
an allen unseren Tagen.
Für uns ist er ans Kreuz gegangen
ich danke im dafür.
Hört alle auf des Herren Rufen
und öffnet ihm die Tür.
Nur ihm allein gebührt die Ehre,
verkündet laut sein Wort,
vergiss niemals, er gibt dir Gutes
und ist für dich der Hort.
Vergebung gab er dir von Herzen,
nahm auf sich Leid und Tod.
Versöhnt hat er dich mit dem Vater,
befreit aus tiefer Not.
Und nichts und niemand kann euch trennen,
2000 Jahre ist es her,
hast du dein Leben ihm gegeben,
spürst du, er liebt dich mehr und mehr.
Fällst du auch schmerzlich auf den Boden,
er hebt dich wieder auf.

Und immer kannst du mit ihm sprechen,
den ganzen Lebenslauf.
In der Gemeinde ist er Licht,
auch du darfst zu ihm kommen,
nur Jesus hält, was er verspricht,
er hat die Schuld der Welt genommen.

(nach Gedanken von Evelyn Schäfer gedichtet)

Farbenspiel

Ein schwarzer Mensch sprach zu dem weißen,
was soll denn eigentlich farbig heißen?
Du kommst ganz rosa auf die Erde,
auf das die Haut schneeweiß dann werde.
Frierst du im Winter, wirst du blau
und rot färbt dich der Sonnenstau.
Grün ist die Farbe, ist dir schlecht
und bunt, suchst du per Faust dein Recht.
Gelb wirst du in der Krankheit Not
und grau holt dich Gevatter Tod.
Die Weißen mit den bösen Sinnen,
die sind sogar noch braun von innen.
Mir bleibt nur übrig klar zu sagen,
ich war nur schwarz an allen Tagen.
Das Leben lernte schwarz ich kennen,
wie kannst du mich grad farbig nennen?

Oh Tannenbaum

Ein Mensch, der hatte einen Traum,
dort sah er einen Tannenbaum.
Doch in dem ganzen Weihnachtstrott,
da war fast kaum noch Platz für Gott.

Der leere Baum in diesem Traum,
der wurde etwas aufgehellt,
auf einer Kugel die erschien,
stand Frieden, Liebe für die Welt.

Der leere Baum in diesem Traum,
der wurde etwas aufgehellt,
auf einer Kugel die erschien,
stand Hoffnung, Güte für die Welt.

Der leere Baum in diesem Traum,
der wurde etwas aufgehellt,
auf einer Kugel, die erschien,
stand Teilen, Beten für die Welt.

Der leere Baum in diesem Traum,
der wurde etwas aufgehellt,
auf einer Kugel, die erschien,
stand Sanftmut, Gnade für die Welt.

Voll Freude schaute Gott im Traum,
auf jenen schönen Tannenbaum
und plötzlich sah man grelle Blitze…
ein Kreuz sank leuchtend auf die Spitze.

Im Winter des Lebens…

Ich würde noch gern lange leben
und Weisheitsschätze weitergeben,
die Enkel noch ein Stück begleiten
auf ihrem Weg in wirren Zeiten.

Die Stunde aber wird einst kommen,
da wird mein Leben mir genommen,
den Bleibenden fällt es am Schwersten,
ihr Herz scheint trauerschwer zu bersten.

Doch will ich ganz auf Gott vertrauen,
denn er allein kann vorausschauen.
In allem Hoffen oder Sehnen,
will ich an seiner Schulter lehnen.

Und brechen manchmal auch die Herzen,
in Zeiten voller Leid und Schmerzen,
so hat der Herr uns ja versprochen,
die Macht des Todes ist gebrochen.

So falte ich beruhigt die Hände,
ich weiß, das Ende ist nicht Ende.
Ich darf den Herrn der Welten kennen
und ein Erretteter mich nennen.

Steigt meine Seele dann nach oben,
um mit der Himmelsschar zu loben,
dann treffe ich, die Jesus fanden:
Für alle ist er auferstanden.

Wir sehen jetzt durch einen Spiegel…

Der Morgentau auf grünen Auen,
die Vögel, die die Nester bauen,
das Blumenmeer am Wegesrand,
der Blick vom Berg auf weites Land.

Das Kinderlachen in der Ferne,
des Nachts das Lichtermeer der Sterne,
die Vielfalt aller Kreaturen,
Indizien für Gottes Spuren.

Die schönen Worte, die Gott schenkt,
das Hirn, das unser Denken lenkt,
der Wind, die Sonne, jede Zelle,
der Sinn der kleinsten Meereswelle.

Musik, die in Bereiche führt,
wo Herz und Seele sind berührt,
Gedichte voller Tiefensinn,
zur Hilfe und zu Neubeginn.

Das Bild von kleiner Kinderhand,
das Kunstwerk an Museumswand,
der Grashalm, genial durchdacht,
das Wechselspiel von Tag und Nacht.

Die Vögel, die nach Süden ziehen,
die Pflanzen, die nach Zeiten blühen,
Beschaffenheit von Schall und Licht…
Der Mensch beschreibt, doch weiß er nicht.

Das zeigt dem, der die Zeichen sieht,
nur Gott schrieb Melodie und Lied.
Der Mensch, er kann nach Weisheit streben,
doch Gott kann nur die Antwort geben.

Zitate von Isnah Eggiw

Wer die Früchte der Konsumgesellschaft mehr schätzt, als die Früchte des Leibes, wird ernten, was er sät.

Gibst du auch wenig, denk ans Ziel:
Viel Weniges ergibt ein Viel.

Der Weg zum Seelenfrieden:
Alles weg lassen, was nicht im Sinne Jesu ist.

Menschen beten für das, was sie möchten.
Gott gibt ihnen das, was sie brauchen.

Ich verpasse nichts in diesem Erdenleben, weil ich weiß, dass ich bei Gott alles bekommen werde, was er als erlebenswert erachtet.

Kein Christ kann irgendwas bewirken, wenn nicht Christus in ihm wirkt.

Zu einer Evangelisation gehört zuerst, eine menschliche Alternative anzubieten, für die Leidenden, die Einsamen, die Hungernden, die Suchenden.

In Kindern schenkt uns Gott ein Stück von seinem Plan für unser Glück.

Man muss andere nicht klein machen, um selber leidlich groß zu erscheinen.

Verurteile niemanden, ohne nach dem Kreuz zu fragen, welches er gerade trägt.

Ich weiß, woher ich komme.
Ich kenne den Sinn des Lebens.
Ich weiß, wohin ich gehe.
Wer Jesus hat, hat alles Lebensnotwendige.

Viele müssen erst die Hölle auf Erden erleben, damit sie erkennen, dass der Kreuzestod Jesu sie vor dem Original bewahrt.

Im Leben geht es nicht um Statistiken oder um Ergebnisse der Lebensleistung, sondern um Gottes Urteil eine Sekunde nach dem Tod.

Kontinuität ist der Tod der Wollmäuse.

Die Weisheit Gottes ist das Gegenteil der Fremdbestimmung durch Menschen.

Liebe bedeutet dem Nächsten uneigennützig im Dunkeln zu leuchten.

Wer seines eigenen Glückes Schmied sein möchte, in dem wird nie das Feuer Gottes für die Esse brennen.

Wer die Geldkoffer der Welt fest in seinen Händen hält, hat keine Hand frei, die Leiter zum Himmel hinaufzusteigen.

Die oftmals verschlungenen und zugewachsen erscheinenden Wege des Alten Testaments führen alle zur Prachtallee des neuen Testaments und deren Ziel, Jesus Christus!

Neid ist der Todfeind des Lobens.

Reiche dem Frierenden kein warmes Getränk, sondern die Hälfte deiner Kohlen.

Ein weiser Mensch lässt sich überzeugen, nicht überreden.

Ein ungeborenes Kind ist ein „IST" und wäre ein
„WÄRE GEWORDEN", wenn es nicht abgetrieben worden
wäre.

Ob wir Gutes oder Böses tun, dem in Jesus wiedergeborenen
radiert er die Seiten im Lebensbuch zwecks Neubeginn leer.

Schneide dir nie die Nägel, wenn du deine Gleitsichtbrille
trägst.

Gib Jesus nicht etwas, gib alles.

Ich kann Gott nicht die Ehre geben, indem ich versuche, mir
selbst ein Denkmal zu bauen.

Wer versucht, sich im Licht der Ehre Gottes zu sonnen, wirft
keinen Schatten.

Gottes leises Rufen

Der Gott in dir, er ruft ganz leise,
wir ignorieren seine Weise,
denn andere, die lauter rufen,
die stehen oben auf den Stufen.

Doch kommst du einmal selbst zur Ruhe,
ziehst aus die Immer-Laufen-Schuhe,
dann hörst du Gottes leises Flehen,
ganz still in seinem Wort zu gehen.

Erzeugt es dir auch manchmal Schmerz,
erst dann erreicht sein Wort dein Herz.
Gott möchte alles von dir haben,
dann schenkt er dir gefällig Gaben.

Nichts gelernt

Ein Land gehört nicht Menschen,
es ist von Gott geschenkt,
doch Satan findet Diener,
die er zu Kriegen drängt.

Lauscht jemand dem Verführer,
fällt auf sein Werben rein,
gebiert sein Handeln Böses,
dann wird sein Herz zu Stein.

Nicht, Lügen, Stehlen, Töten,
begehren fremdes Gut,
hat Gott dem Mensch geboten,
der gerade dieses tut.

Der Mensch wird niemals lernen,
egal, was auch geschah,
weil alles, was geschehen,
schon da gewesen war.

Die Antwort auf Konflikte,
war alle Zeiten Krieg,
Gott schob der Mensch beiseite,
half Satan so zum Sieg.

Er weckt Begehrlichkeiten
und spaltet diese Welt,
die Gier und Habsucht bildet,
nach Land, nach Volk, nach Geld.

Es gibt nur eine Lösung,
die Jesus Christus heißt,
weil seine Friedensbotschaft,
den Weg der Liebe weist.

Ihm ganz allein sei Ehre,
er hält, was er verspricht.
Folgt man den Menschenführern,
erlöscht das Lebenslicht.

Nullsummenspiel

Du kommst zur Welt, bist klein und nackt,
schon hat die Gier dein Herz gepackt.
Es stapeln sich bald viele Sachen,
die Freude dir beim Spielen machen.
Dann wirst du größer, hast ein Zimmer,
das Meiner, Mir, Mich, Ich wird schlimmer.
Du hortest viele tausend Dinge,
als wenn es ewig weiterginge.
Die Zeit der Jugend ist bald aus,
dein nächstes Streben ist ein Haus.
Auch dieses packst du rappelvoll
mit Dingen, teuer, groß und toll.

Es kommt das Alter und die Frage,
reicht es für meine alten Tage?
Ob du genug gesammelt hast,
dass auch dein Nachwuchs nicht verpasst,
die Dinge, die du hinterlässt
zu nutzen für den Lebensrest,
damit auch sie viel Räume schaffen,
viel Platz zu haben für ihr Raffen.
Und ist ihr Haus dann endlich voll,
mit Dingen, teuer, groß und toll,
erkennen kurz vor Ende viele,
sie sammelten für falsche Ziele.
Es war ein „nach dem Wind nur Haschen",
das letzte Hemd hat keine Taschen.
Das führt zu der Erkenntnis hin,
das war wohl nicht des Lebens Sinn.
Der ganze Kram macht niemand frei
und ist das Leben dann vorbei,
war es ein nach Besitz nur Streben,
Das war nicht Gottes Plan fürs Leben.

Gottes Währung

Ein Mensch, der hat sein ganzes Leben,
Vermögen angehäuft.
Dann nahte ihm, wie einem jeden,
dass seine Zeit abläuft.
Nun stand er dort vorm Paradies,
wo alles reichlich war,
für alle Menschen war genug
und Wunderbares da.
„Was kosten alle diese Dinge?"
so fragte er erstaunt.
„Ein Cent pro Teil", hat ihm ein Engel
ganz leise zugeraunt.
Da freute sich der reiche Mensch,
er hatte ja viel Geld
und glaubte er sei gut versorgt
in dieser neuen Welt.
„Jedoch", so sprach der Engel dann,
„die Währung, die hier zählt,
ist das Verschenkte, das hat Gott,
als Reichtum auserwählt."
Der Reiche wurde darauf blass,
denn er gab niemals ab,
sein Kontostand, der war sehr hoch,
das zählte nicht im Grab.

Zum Schluss

Faust zu stoppen, die besiegt.
Teller fangen, der tief fliegt.
Vorbild für die Kinder sein.
Hände reichen und verzeih´n.
Den zu trösten, der betrübt.
Dem zu danken, der uns gibt.
Fehler Nächster menschlich sehen.
Reuig in sich selber gehen.
Oft sich in die Arme nehmen,
Hilfe leisten bei Problemen.
Mehr: „Ich liebe dich", zu sagen.
Jeden Tag das Gute wagen.
Alle Menschen eine Welt,
niemand an den Rand gestellt.
Dankbar und barmherzig sein.
Von Narzissmus sich befrei´n.
Siehst du diese kleinen Zeichen,
können wir das Ziel erreichen,
doch niemals wird es uns gelingen
wenn wir nicht alles Jesus bringen.
Sein Leben gab er für uns hin,
er nur allein ist Lebenssinn